陈植

——世纪人生

娄承浩　陶祎珺　编著

同济大学出版社

图书在版编目（CIP）数据

陈植——世纪人生 / 娄承浩 陶祎珺 编著. — 上海：

同济大学出版社, 2013.1

ISBN 978-7-5608-5008-5

Ⅰ. ①陈… Ⅱ. ①娄… ②陶… Ⅲ. ①陈植（1902～2001）— 传记 Ⅳ. ①K826.16

中国版本图书馆CIP数据核字(2012)第239233号

本书由上海科普图书创作出版项基金资助出版

陈植——世纪人生

编　　著：娄承浩　陶祎珺

出版策划：萧菲菲(xff66@yahoo.com.cn)

责任编辑：陈立群(clq8384@126.com)

装帧设计：陈益平

图文制作：乔　荣

责任校对：徐春莲

出　　品：支文军

出版发行　同济大学出版社　www.tongjipress.com.cn

（地址：上海四平路1239号 邮编：200092 电话：021−65985622）

经　　销　全国各地新华书店

印　　刷　上海锦良印刷厂

成品规格　170mm × 213mm　208P

字　　数　210 000

版　　次　2013年1月第1版　　2013年1月第1次印刷

书　　号　ISBN 978−7−5608−5008−5

定　　价　58.00元

颂恩师陈植老夫子

學術創作建築泰斗陳冠名

正直诚信德行家承植身心

庚寅冬

学生钱学中

（钱学中原上海市副市长、原上海市民用建筑设计院院长）

目 录

走近陈植

陈植在办公室工作

这些年来，我们一直倾力于收集关于陈老的生平、事迹、撰述等等，每每寻得他当年的一些照片、文字，便将记忆带回了当年，陈老的音容笑貌更是历历在目。

陈老生前曾经是我们上海市民用建筑设计院长兼总建筑师，是我们的老前辈。在以前的老工程师中间一直有这么个说法，“北有梁思成、杨廷宝；南有陈植与赵深”，可见陈老在中国建筑界的声望与地位。虽说如此，但他一点架子都没有。他个子不高，平时大都穿着一身中山装，逢人都微笑着点头、打招呼，周围的人都知道这是位亲民的院长。在全院大会上，他总是用十分标准的普通话发言，语速沉稳，思路清晰，一派学者风度。

陈老去世多年，但他的故事依然在新老设计师中间流传着。大家说得最多的当属“百名工程师合唱团”的事。

那是在1960年三年自然灾害时期，当时生活必需品严重紧缺，日常的粮油、肉制品、制衣的布料等都供应紧张，于是政府采取按城市户口计划配给，发放粮票、油票、布票等各类票券。全国各地的基本建设也因经济困难而纷纷停建或下马。从1960年开始，院里承接的设计任务骤减，设计人员手上的活越来越少。

这时院党委发出号召，“全院职工要同心同德共克灾难，共度难关”。为了振奋精神，鼓舞士气，院党委决定组织工程师合唱团，由院工会发动职工报名，层层动员，很快就有近百名建筑师和工程师报名参加。原本陈植院长还犯愁，心想若大伙终日无所事事，恐人心不稳。这个工程师合唱团一成立，院里请他当指挥，他觉得这是调动大伙积极性的好事，于是爽快地答应下来。

那时，我们在广东路17号设计院大楼的三楼小礼堂里排练大合唱，虽然身为院长的陈植平日忙于公务，但是每回演出前，他总是早早来到礼堂跟大伙一起排练。见到院长全情

陈植在上海北火车站与外国专家合影

陈植(右三)在清华学校合唱团练唱

投入，参加合唱团的建筑师和工程师们更是热情高涨。现在还依然记得陈老当年指挥合唱团时的英姿，双眼轻闭，只凝神于音乐的激荡起伏，指尖的那根小木棍时而蜻蜓点水般将设计师们的歌声带向飘逸与柔美，时而又铿锵有力地将乐曲挥向高潮，演唱者们的情绪亦跟着此起彼伏。这般场景旁人一看便知陈院长在音乐方面颇具造诣，定是个行内人。陈老从小便酷爱音乐，在清华学校读书时就参加了该校的管乐队，吹奏法国号（圆号）。后来留洋期间，还参加了学校成立的合唱团，成为当时合唱团唯一的东方学生。回国后，1934年11月5日与国内著名女高音歌唱家黄友葵一起在南京金陵大学举办了个人音乐会……

工程师合唱团的活动就这样一直延续到90年代，其间国家经济复苏后，我们院又招收了一大批青年人。合唱团也不断输入新鲜血液，将这些新人，不论是技术员还是助理技术员，都吸纳到了合唱团里，于是便形成一支老中青三代同堂的合唱团，人数近百名，也就有了后来的“百名工程师合唱团”的称号。那一年合唱团代表上海院登上上海音乐厅的大舞台，参加上海市歌咏比赛，当时年逾古稀的陈老依然坚持要现场担纲指挥。那一次，他依旧激情满满地在台上指挥，不论指挥技巧、精神面貌，丝毫不减当年。在他的指挥下，

陈植在美留学期间学习声学留影

三代同堂的合唱团引起了新闻界高度关注，一时间媒体竞相报道。笔者那时还是个小青年，能够参加合唱团表示十分高兴，能目睹这位建筑界前辈的英姿更是万分荣幸，从那时起便开始关注这位不同寻常的陈院长。

也是在三年自然灾害时期，陈植院长不仅带领大家高唱革命歌曲，振奋精神，一面还以身作则，勤俭为官。市里给他专配了小轿车，他为了节约紧缺的汽油，决定不坐轿车，买了公交月票和大伙一样挤公交车。这也更让大伙觉得这是位亲民的领导，老院长在大伙心中的形象虽是高风亮节，却没有高高在上，而是与大伙打成一片，友善可嘉。

陈老是个闲不住的人，虽说晚年退休在家，但心里一直记挂着市政建设。上世纪80年代，他已届耄耋之年，一个阳光明媚的午后，他居然出现在了设计院档案室门口，微笑着说："小娄，麻烦你帮我去上海测绘院买一下地形图，我要做个南京西路人民公园地段的拉直方案。"事后方才知道，原来南京西路人民公园段由于解放前是跑马厅，那段马路呈弧形，影响市政交通，他老人家为了改善南京路交通堵塞情况，建议市里辟通九江路连接南京西路。而今该方案已经实现，南京路的交通十分通畅，这些都要感谢他老人家当年倾注的一番心血。

上海铁路新客站落成后，陈老见到了新客站总体模型，看到南广场上拟建两座由农工商总公司投资的封口大楼，极力反对。他认为火车站作为城市重要的公共建筑，立面不能被遮挡，应让旅客很客易识别，故其前方应建绿化场地。为此，他还亲自跑到华东院去调阅上海铁路新客站的设计档案，并向市有关部门直言自己的意见。当时主管城市建设的副市长倪天增与主管农业的副市长孟建柱协调后，最终决定控制大楼高度，从而让新客站大楼在天目路一侧能够看得见。

那时，上海淀山湖沿湖开发项目日益增多，这又引起了陈老注意。淀山湖天然风景

陈植指挥民用建筑设计院工程师合唱团

陈植在科学会堂

宜人，若大肆开发恐影响其生态环境。陈老又按捺不住手中的笔，一纸书信给倪天增副市长：“（一）淀山湖开发项目众多，排入湖中的污水必将破坏湖泊的生态平衡，引起黄浦江上游的污染。（二）淀山湖环境应以幽静而取胜，不宜设置喧哗熙攘的游乐场所。（三）风景区规划应以景为主，用景制宜，景色为衬托，建筑为点缀。”

诸如此类的事不胜枚举，又如陈老听说大光明电影院对面的人民公园被肯德基餐厅吞噬了一块绿地，很是生气，亲自跑到副市长那里呼吁要保留那片绿地，不能因这商业行为而侵占之。看到国际饭店上乱搭巨幅广告，上海大世界塔楼上的广告已密布如一多层奶油蛋糕，这两幢著名历史建筑被穿上如此“摩登华服”，再看其他一些显要地标性建筑也难逃相同命运，陈老既生气又痛心，又写信给倪副市长，提出必须整顿建筑物乱搭巨幅广告一事，并给内参刊物《科技工作者建议》写信谈论此事：“我以我的道德感和责任感以及我在建筑界的巨大影响正关心着新上海的发展。”

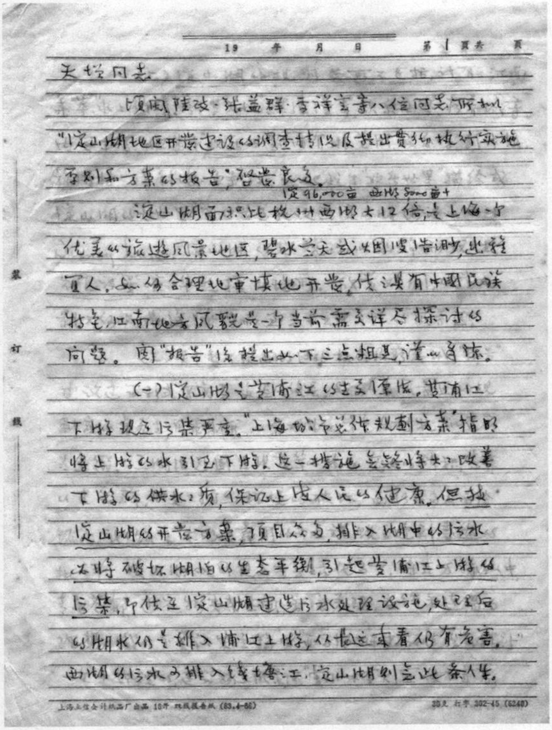

19 年 月 日 第1页共 页

天增同志：

顷阅陆政、张益群、李祥宝等八位同志所拟"淀山湖地区开发建设的调查情况及提出贯彻执行实施步骤和方案的报告"，启发良多。

（淀96,000亩 西湖5000亩+）

淀山湖面积比杭州西湖大12倍，是上海一个优美的旅游风景地区，碧水蓝天或烟波浩渺，[illegible]宜人，如何合理地审慎地开发，使之具有中国民族特色江南地方风貌是一个当前需要详尽探讨的问题。阅"报告"后提出如下三点粗见，谨以奉陈。

（一）淀山湖是黄浦江的主要源流，黄浦江下游现已污染严重。"上海城市总体规划方案"指明将上游的水引至下游。这一措施意能将大大改善下游的供水水质，保证上海人民的健康。但按淀山湖的开发方案，项目众多，排入湖中的污水必将破坏湖泊的生态平衡，引起黄浦江上游的污染，即使在淀山湖建造污水处理设施，处理后的湖水仍是排入浦江上游，从长远来看仍有危害。西湖的污水可排入钱塘江，淀山湖则无此条件。

上海立信会计用品厂出品 16开 双线报告纸 (83.4-66) 20页 行字 302-45 (6240)

就淀山湖开发建设致倪天增信

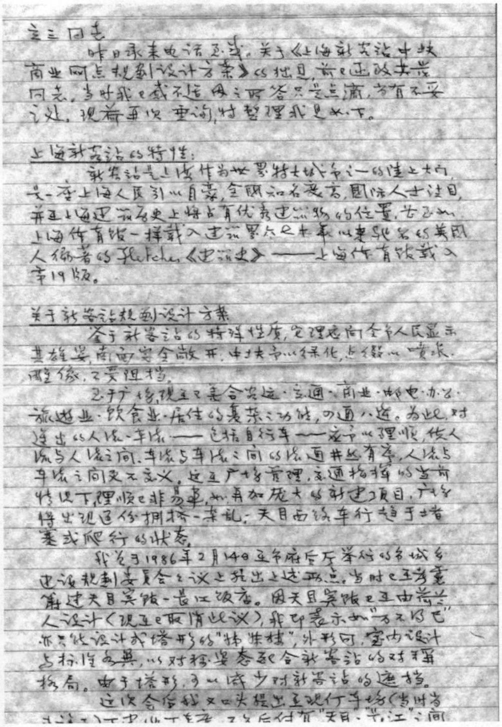

玉三同志：

昨日承来电话通知，关于《上海新客站中轴商业网点规划设计方案》的拟见，前已函致[illegible]同志。当时我已感不适，因之所答只是点滴，尚有不妥之处。现蒙再次垂询，特整理我见如下。

上海新客站的特性：

新客站是上海作为世界特大城市之一的陆上大门，是一座上海人民引以自豪，全国知名度高，国际人士注目，并在上海建筑历史上将占有优秀建筑物的位置，甚至如上海体育馆一样载入建筑界六七十年代以来驰名的英国人[illegible]著的Fletcher《建筑史》——上海体育馆载入第19版。

关于新客站规划设计方案

鉴于新客站的特殊性质，它理应向全市人民显示其雄姿，南面完全敞开，中块市以绿化，点缀以喷水、雕像，不要阻挡。

至于广场，现在已集合客运、交通、商业、邮电、办公、旅游业、饮食业、居住的多种功能，四通八达。为此，对进出的人流、车流——包括自行车——应予以理顺，使人流与人流之间、车流与车流之间的流通井然有序，人流与车流之间更不交叉。这在广场管理、交通指挥的当前情况下，理顺已非易事，如再加庞大的新建项目，广场将出现通行拥挤、杂乱，天目西路车行趋于堵塞或爬行的状态。

我曾于1986年2月14日在市府会厅举行的市城乡建设规划委员会会议上提出上述观点。当时已在考虑筹建天目宾馆—长江饭店。因天目宾馆已在由[illegible]人设计（现在已取消此议），我即表示如"万不得已"亦只能设计成塔形的"特殊楼"，外形可，室内设计与标准有异，以对称姿态配合新客站的对称格局。由于塔形，可以减少对新客站的遮挡。

这次会后我又口头提出在现行车场（当时为[illegible]

新客站规划建议

上世纪八九十年代，正逢浦东新区大规模建设和上海旧区改造，陈老在上海市建委科技委成立三周年大会上发言，建议成立一个专聘委员会，从事浦东建筑风格协调工作，使浦东的建筑能从单体到群体到环境管理，打造一个具有上海风貌特色的新城区。对于上海旧区改造，陈老则认为这关系到广大市民的切身利益，据了解当时破旧的住房有400万平方米，要改善居住条件需新建800万平方米，至于改造部分牵涉面恐有2000万平方米，"建议以北京菊儿胡同改造四合院的热情和精神，踏实步伐组织力量，尽早进行规划与设计"，"改造工程重要性不亚于高楼大厦的炫耀性"，是"事关全上海市民的要求"。

心系上海建设的陈老，年逾古稀，退而不休，仍以一个建筑专家的职业道德和专业知识，不断对上海城市建设提出意见和建议，许多宝贵意见和建议被政府部门采纳。

上世纪80年代上海地方志修编工作全面铺开，这是一项传承城市文明、服务当代、惠及后世的重要事业，陈老对此十分重视，他不顾年迈体弱，写信给上海市建委建筑修志领承浩同志：

来复及复印的我悼念杨老廷宝一文已收到，谢谢。

尔示提及关于近代建筑师的资料出入甚多（上海），[illegible]唯一位建筑师可提资料。此君名为黄健敏一直往来，可能亦是开业建筑师。他搜集关于那一辈的资料确非易易。由于他究非20—30年代的建筑界（特别是上海）人士而我是当时当地的活见证人，且与有关那一辈的建筑师有长期来往，再加以我现有资料（尚未全）係与①有关国外学校②有关人物家属③有关的事务所工作人员核实过（上海与我同一代的建筑师尚有吴景祥但他任職海关，与开业建筑师来往少，其他人均已去世矣，哀哉）。

上次寄上参考资料，恐已只有我一人知之，来示云"还要好好考证"恐难觅其他途径矣。我之所以如周谓南一去楼、[illegible]者知一二之外，其他人恐均不熟

如此急于编资料，目的只有一个，将我这个活见证所知的一切摘录留存——一是由于能将本人所知的，为了通过其他途径以充实；二是为了以纠正现在已出现的误传，如此而已。

此函亦望转交贵所同志一阅，再次谢谢你为我复印我悼杨老一文。顺祝

秋祺

陈植

9月16日

陈植9月16日给娄承浩的信

承浩同志：

今日傍晚接奉大札，附有中国建筑师学会的有关材料，欣慰万分。这一材料十分宝贵，并可使"大百科"的条目得到更具体的充实。

为协助"大百科"科技部完善地写成条目，[illegible]，[illegible]由衷的[illegible]。在这过程中，[illegible]不辞辛劳，支持我写成黄[illegible]一稿，计三百余字，为我减轻了很多负担，[illegible]

冬安

陈植上言

1月8日晚

陈植1月8日给娄承浩的信

特载

陈植老先生来信指导修志工作

编者按：八十八岁高龄的陈植老先生前不久致函沈恭副主任和汪德基同志，就《勘察设计志》和《建筑施工志》的修志工作提出了意见，并提供了有关资料的线索，言语恳切，资料宝贵，令人敬佩。沈恭副主任已作了批示："陈老的意见很有价值，对勘察设计志的编写有指导意义。请编写组深刻领会陈老意图，在工作中贯彻落实。"汪德基同志也要求认真贯彻陈老的意见，并要求《建筑施工志》进一步搜集有关资料。

现将陈植老先生的信全文刊登，以供大家学习。并在此由衷地感谢陈老对修志事业的关心和帮助。

沈恭
德基 同志：

羊年伊始，谨祝两府吉祥如意。兹有陈者，不久前收到《上海建设修志》第6期（总第8期），内中载有上海勘察设计志编纂办公室所撰"上海市勘察设计行业发展简况"一文，阅后深感我作为建委地方志指导小组的一员未能克尽职责而歉疚不安。

对于建筑设计，在建国以前虽与勘察有关系，但一直是两种不同性质的业务。我曾在许久前电话中向德基同志表示，建筑设计的修志交由上海勘察设计协会负责恐难以着手。顷查我1990年日记，去年8月27日该协会周国庆同志曾来访我，面告毫无资料。由于规划院对此已长期作调查研究，积有大量资料，我当即请国庆同志与该院何善权、徐景猷两位面洽，同时我亦告何、徐两位如国庆同志往访，务必予以大力协助。我之所以作此介绍，唯一原因在于我在1988—89年期间与规划院共同视察上海近代建筑80余处。我当时即了解到规划院对编制上海近代建筑十分认真、全面、详尽，并已选定一级保护单位59项（现已由市府批准），另有约200项分别评为二级、三级送市领导审批，这一丰富资料包括建筑师的姓名或事务所名称是数年调研的成果，亦是现成的资料。

与我同时在上海执行设计业务的恐亦只剩我一人矣，可叹。例如就我所知，打

陈植给市建委修志领导小组负责人的信

导小组负责同志，提出建筑修志必须“广集资料，去粗取精，去伪存真，刨根到底，无懈可击，传于后人”。其间陈老对于记述中国建筑史的一些著述更加关注，当他看到《当代中国》从书之《当代中国的建筑业》一书存在较多史实谬误后，花了几天时间各处查找文献资料，并亲笔直书千字对书中谬误及时予以校正。

当他知道笔者也参加了建筑史料的编写工作，对后生晚辈能务实于修史工作倍感欣慰，并常以书信、电话联系，一面积极鼓励我的工作，一面在史料考证方面给予指导。1987年，陈老应《中国大百科全书》编委之约，撰写中国建筑师学会条目。陈老早年即加入中国建筑师学会，亲历其创建与成长，区区数百字条目对他而言应是信手拈来。然陈老在史料编撰方面求真务实，一丝不苟。他不轻易动笔，他打电话给笔者，询问索要相关材料。收到材料后，他兴奋地在信中写道：“今日傍晚接到大礼，内有中国建筑师学会的材料，欣慰万分……”接着他就着各方面的材料，加之自己的记忆和部分证件资料，一一考证史实，理正万无一误，方才落笔。

那段时间杨廷宝等老一辈建筑师相继去世，痛心之余让陈老倍感抢救史料的紧迫性，他曾在给笔者的信中写道：“我行将就‘炉’，向我垂询，为时已不多，望多‘利用’。”随后还附上亲笔写下的千字《上海执业建筑师情况》，不多久又致信笔者：“上次寄上零星资料，恐已只有我一人知之”，“我之所以如此急于编资料，目的只有一个，将我这个活见证所知的一切摘要留存”。

当时陈老已届九旬，健康状况每况愈下，他感到在世时间已不长，除了梳理上海执业建筑师的情况，还努力回顾自己的一生，完善家谱，撰写个人一生履历及做过的设计作品，我们在他的遗物中发现竟有摘录上海《征信工商界名录》中外建筑事务所名单，其上中文字体苍劲有力，英文流畅俊逸，总共写了满满五页信纸。

1991年11月25日，上海建筑界举办庆贺陈植先生从事建筑工作65五周年座谈会，陈老在会上激动地说：

我从事过建筑工作的65年中有39年5个月是在解放后的岁月中渡过的。在各级领导的关怀下，在各有关部门及众多同志们的启发、帮助下，使我得益不少，提高了专业水平，得到了实践中的锻炼。当时的中青年包括我的学生，现在很多已成为名家，后浪推前浪，这是规律，有的实际上已成了我的老师。我为此多么兴奋，为他们感到骄傲。我已在暮年，夕阳西下，1952年以来我目睹上海的巨大变化，今昔对比，令我激动。我在此只需

陈植在从业六十五周年座谈会上发言

举一个例子，就是，住宅建设1935～1937年间，我几次去闸北区的蕃瓜弄，普陀区的药水弄，南市区的四牌楼，贫困、落后，风吹雨打的凄凉情景使我极度震惊和同情。1962年蕃瓜弄彻底翻了身，现在药水弄树起了高层，四牌楼亦有了改进，我是多么高兴。我对蕃瓜弄特别有感情，从开始视察到设计到完工，我和市领导不断去现场，深受教育。住宅建设关系到广大的下层市民的切身利益，解放以来上海已建了住宅6 000万平方米，其中有500栋高层。我在这工作中虽只是小小的一员，但是我的心情多么激动，我在精神上受到多么大的鼓舞。

上海变了！虹桥（开发）区的高楼如雨后春笋，拔地而起，即使上海中心区亦旧貌换了新颜，所以来旅游的人都说上海不认识了。这一切都要归功于市领导的高瞻远瞩，归功于群众所发挥的集体智慧、才华和辛勤的劳动，顽强的斗志。昨天8 346米长的南浦大桥举行了建成盛典，作为世界上第二座叠合梁斜拉桥，它在上海打响了90年代第一年的第一炮，亦是开发浦东的举世瞩目的第一炮，雄辩地证明了外国人能干的，中国人亦能干。

21世纪将是太平洋世纪。上海得天独厚的地理条件决定了它将登上太平洋西岸最大的经济、贸易、金融中心的宝座。浦东必将成为这一中心的一颗光辉灿烂的明珠。全上海正在对浦东展望未来，研究未来，迎接未来，开创未来。在浦东全上海的各类专家们各有千秋，各有发挥才能的机会和幸福。我真羡慕，我真诚地祝贺大家在浦东建设中取得巨大的成功，在城市规划中，一定会符合国情，因地制宜，在建筑设计中一定会具有民族特色、地方风貌。在城市建设的各个方面我们要树立雄心壮志，超越浦西，使浦东成为21世纪我们亲手建设的我们中国人自己的新上海，不崇洋，不模仿，自我创造，传诸后世。

我的体脑都在衰退，由于以前工作不力，现在一息尚存，应该补课，要老有所学，老有所得，老有所为，老有所成，老有所乐，在振兴上海，开发浦东，服务全国，面向世界

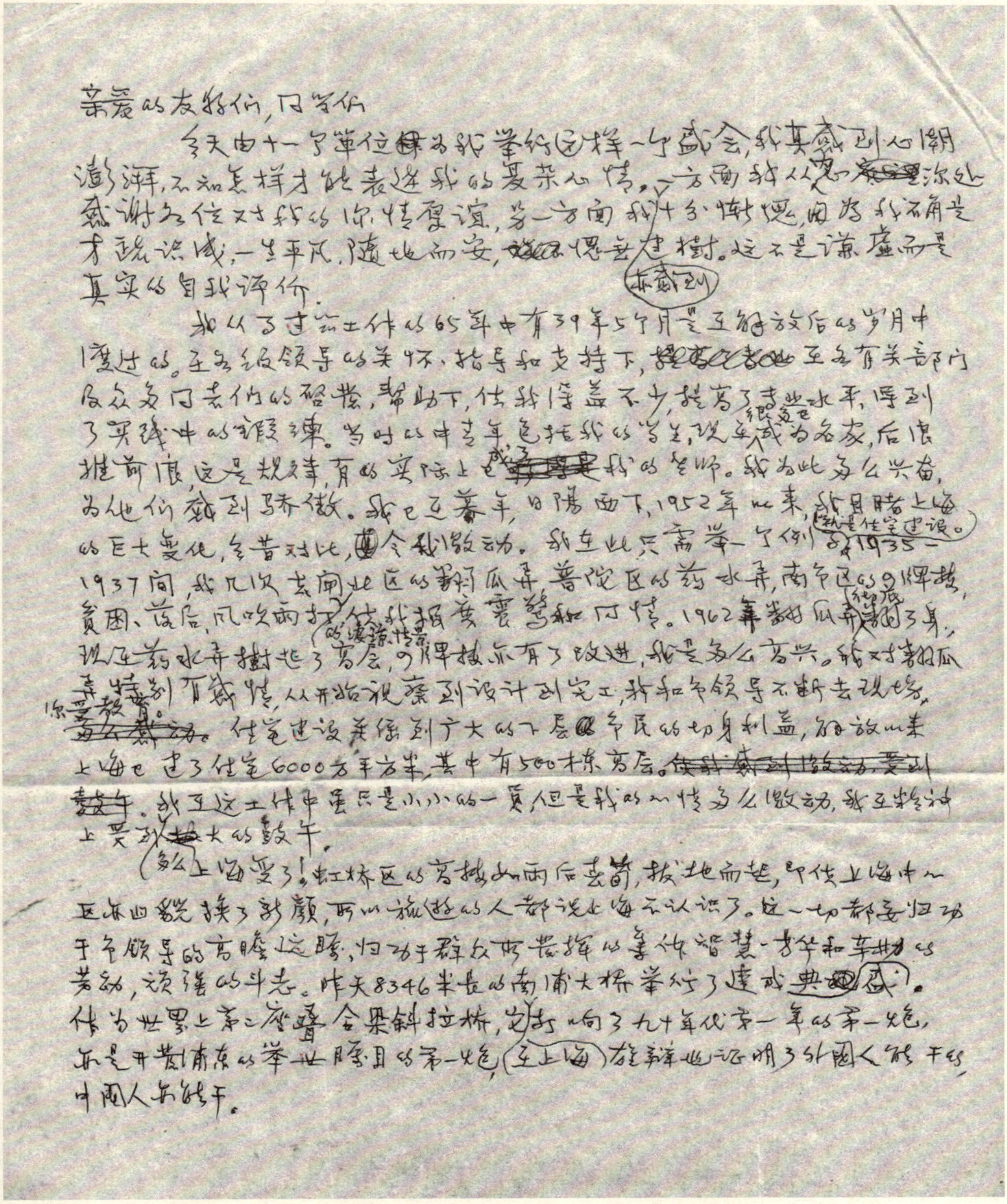
亲爱的友好们，同学们

今天由十一个单位为我举行这样一个盛会，我真感到心潮澎湃，不知怎样才能表达我的复杂心情。一方面我从心深深感谢各位对我的深情厚谊，另一方面我十分惭愧，因为我不确是才疏识浅，一生平凡，随遇而安，愧无建树。这不是谦虚而是真实的自我评价。

我从事建筑工作的65年中有39年5个月是在解放后的岁月中度过的。在各级领导的关怀、指导和支持下，在各有关部门及众多同志们的鼓励、帮助下，使我得益不少，提高了专业水平，得到了实践中的锻炼。当时的中青年包括我的学生，现在绝大多数已成为名家，后浪推前浪，这是规律，有的实际上已成了我的老师。我为此多么兴奋，为他们感到骄傲。我已在暮年，日落西下，1952年以来，我目睹上海的巨大变化，今昔对比，真令我激动。我在此只需举一个例（就是住宅建设）。在1935—1937间，我几次去闸北区的蕃瓜弄、普陀区的药水弄、南市区的棚户区，贫困、落后、风吹雨打的凄凉情景，使我极其震惊和同情。1962年蕃瓜弄彻底翻了身，现在药水弄树起了高层，棚户区也有了改进，我是多么高兴。我对蕃瓜弄特别有感情，从开始视察到设计到竣工，我和各领导不断去现场，深受教育。住宅建设关系到广大的下层市民的切身利益，解放以来上海已建了住宅6000万平方米，其中有500幢高层。我在这工作中虽只是小小的一员，但是我的心情多么激动，我在精神上受到极大的鼓舞。

多么上海变了！虹桥区的高楼如雨后春笋，拔地而起，即使上海中心区亦面貌换了新颜，所以旅游的人都说上海不认识了。这一切都要归功于各领导的高瞻远瞩，归功于群众所发挥的集体智慧、才华和辛勤的劳动，顽强的斗志。昨天8346米长的南浦大桥举行了建成典礼。作为世界上第二座叠合梁斜拉桥，它打响了九十年代第一年的第一炮，亦是开发浦东的举世瞩目的第一炮，在上海建造也证明了外国人能干的，中国人亦能干。

陈植在座谈会上的答谢词

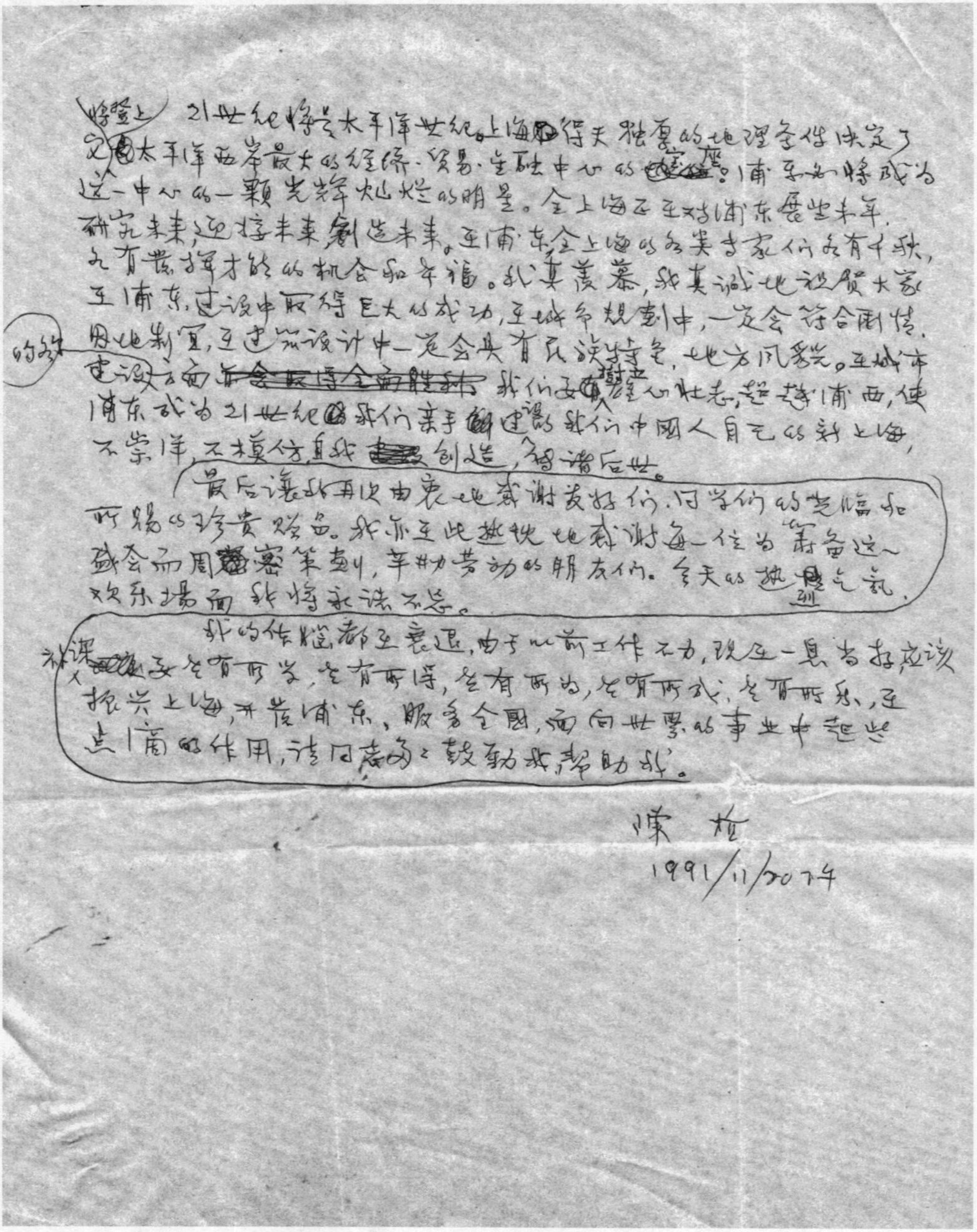

21世纪将是太平洋世纪。上海得天独厚的地理条件决定了它将登上太平洋西岸最大的经济、贸易、金融中心的宝座。浦东必将成为这一中心的一颗光辉灿烂的明星。全上海正在对浦东展望未来，研究未来，迎接未来，创造未来。在浦东，全上海的各类专家们各有千秋，各有发挥才能的机会和幸福。我真羡慕，我真诚地祝贺大家在浦东建设中取得巨大的成功，在城市规划中，一定会符合国情，因地制宜，在建筑设计中一定会具有民族特色、地方风貌的。在城市建设方面~~不会取得全面胜利~~我们要树立雄心壮志，超越浦西，使浦东成为21世纪我们亲手建设的我们中国人自己的新上海，不崇洋，不模仿，自我创造，造福后世。

最后让我再次由衷地感谢校友们、同学们的光临和所赐的珍贵礼品。我亦在此热忱地感谢每一位为筹备这一盛会而周密策划，辛勤劳动的朋友们。今天的热烈气氛、欢乐场面我将永志不忘。

我的体能都在衰退，由于以前工作不力，现在一息尚存应该补课，要多有所学，多有所得，多有所为，多有所成，多有所乐，在振兴上海，开发浦东，服务全国，面向世界的事业中起些点滴的作用，请同志们多多鼓励我，帮助我。

陈植
1991/11/20下午

陈植在座谈会上的答谢词

陈植关注浦东陆家嘴建设

的事业中起些点滴的作用，请同志多多鼓励我，帮助我。

最后让我再次由衷地感谢友好们、同学们的光临和所赐的珍贵赠品。我亦在此热忱地感谢每一位为筹备这一盛会而周密策划，辛勤劳动的朋友们。今天的热烈气氛，欢乐场面，我将永志不忘。

2001年11月15日是陈老百岁华诞，中国建筑学会特此给陈老发来贺信：

欣逢先生一百寿辰，中国建筑学会特致电表示深挚的祝贺。

您一生热爱建筑事业，把自己的全部智慧无私地奉献给了祖国建筑事业，为我国经济建设发展做出了杰出贡献。

您作为中国第一代建筑师同其他建筑界前辈一道，为中国建筑设计理论和实践的发展奠定了坚实的基础。

您十分关心我国建筑学术事业的发展。48年前，您作为创建中国建筑学会的发起人之一，在上海积极宣传成立全国建筑学术组织的重要性，并会同其他专家签名支持成立中国建筑学会。

1953年10月，您作为上海地区的首席代表参加了中国建筑学会成立大会，并当选为第一届理事会常务理事和第一届学术研究委员会委员。之后，您连任中国建筑学会第二届、第三届、第四届理事会常务理事；1980年10月，我国改革开放初期，您担任中国建筑学会第五届理事会副理事长，承担着更多的学术活动任务。1985年以来，您历任中国建筑学会第六届、第七届、第八届、第九届和第十届理事会顾问。您在建筑学术界德高望重，一直关心着中国建筑学会的工作和发展。

您“中而新”的建筑创作思想影响着全国建筑界的后辈。您设计的新中国第一个人物纪念馆——上海鲁迅纪念馆，建筑朴实、环境优雅，具有独特的地方特色，体现了鲁迅先生的高尚品格，是一座我国50年代创作的重要建筑。您在中国近代建筑发展的探索中，成就卓著。您丰富的建筑实践经验和严谨的建筑学术思想是全国建筑学界的宝贵财富。

2002年3月20日，陈老驾鹤西去。他是我国最年长的百岁建筑师之一，他的一生经历了中国建筑师的诞生、奋斗和成长的各个阶段。他在长期的建筑设计创作、建筑实践和教学工作中，博学多艺、爱国敬业、提携后进、桃李天下，培养、熏陶、影响了整整一代建筑师。他为人诚恳，待人虚怀若谷，生性爱憎分明，明辨是非，道德高尚，可谓高山仰止。

沃土育树

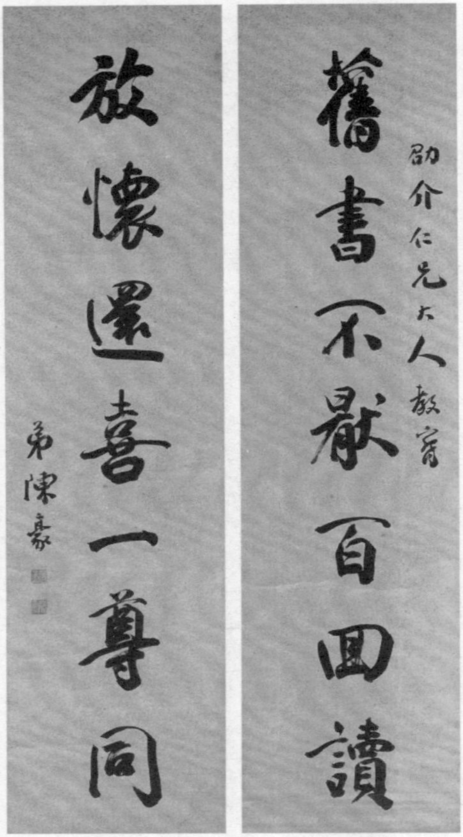

陈豪七言诗

陈植，字直生，1902年11月15日出生在杭州的一户书香世家。祖父陈豪（1839～1910），字蓝洲，号迈庵、墨翁、止庵、怡园居士，清代著名书画家，名列《中国美术家大辞典》，绘画精品被收入故宫博物院、纽约大都会博物馆；父陈汉第（1874～1949），字仲恕、仲书，号伏庐，是中国近代书画家、金石家；叔父陈敬第，字叔通，号云麋，清光绪二十九年癸卯科二甲38名进

祖父陈豪雕像拓片

陈植与陈选善、陈循善等在一起

士，早年留学日本，参加光复会，创办杭州第一所女子学堂和杭州《白话报》。

陈植从小喝着钱塘江的水，沐浴着吴越文化，耳濡目染父辈们的文墨韵彩，举手投足间都流露着文人墨客的儒雅气质。

陈植的祖父陈豪是清同治九年（1870）优贡生。清代科举选官，从各地秀才生中，选拔成绩优异者升入京师国子监读书者为贡生，相当于举人副榜。陈豪曾在汉阳、应城、蕲水、汉川等地当过知县，从史料中所记载的寥寥数字可见陈豪为官清廉守正。年老归家后侍奉老母，专致书画，留下大量佳作名品，《暗香流影图》被故宫博物院收藏，《苍松图》和著作《冬暄草堂诗集》被宁波天一阁收藏。他还写得一手好诗、楹联，如七言对：

旧书不厌百回读，放怀还喜一尊同。

又一七言对：

梅雪松风清几榻，左图右史论知交。

少时，陈植随父在北京生活，常到祖父家中与其他兄弟姐妹们玩耍。一次，见到祖父大鱼缸中养的金鱼甚是好奇，于是心生玩念，便伸手到缸里捞鱼，捞上来又丢回去再捞，只见鱼儿在捉放之间挣扎、跳蹿。当时陈植只是被这鱼儿的激烈反应深深吸引，却不经意间捏死了几条，小小的生命在他的手中结束，一时吓坏了年幼的他，周围的孩子们看着那几条翻了肚皮的小鱼也个个愣在那里。情急之下，陈植连忙将那几条可怜的小生命埋在了院子的大花盆里。不久，“东窗事发”，祖父掐指一算，他知道这群孩子中间，数陈植最顽皮，对这“祸首”是谁，心中早知几分。于是找来孩子们调查，在表情严厉的祖父面前，他们个个低头不语，陈植更是忐忑万分，小脸儿胀得通红。“你们怎将这好端端的鱼儿捏死，还‘毁尸灭迹’……既是做错了事，都不敢承认吗？”这一席话后，陈

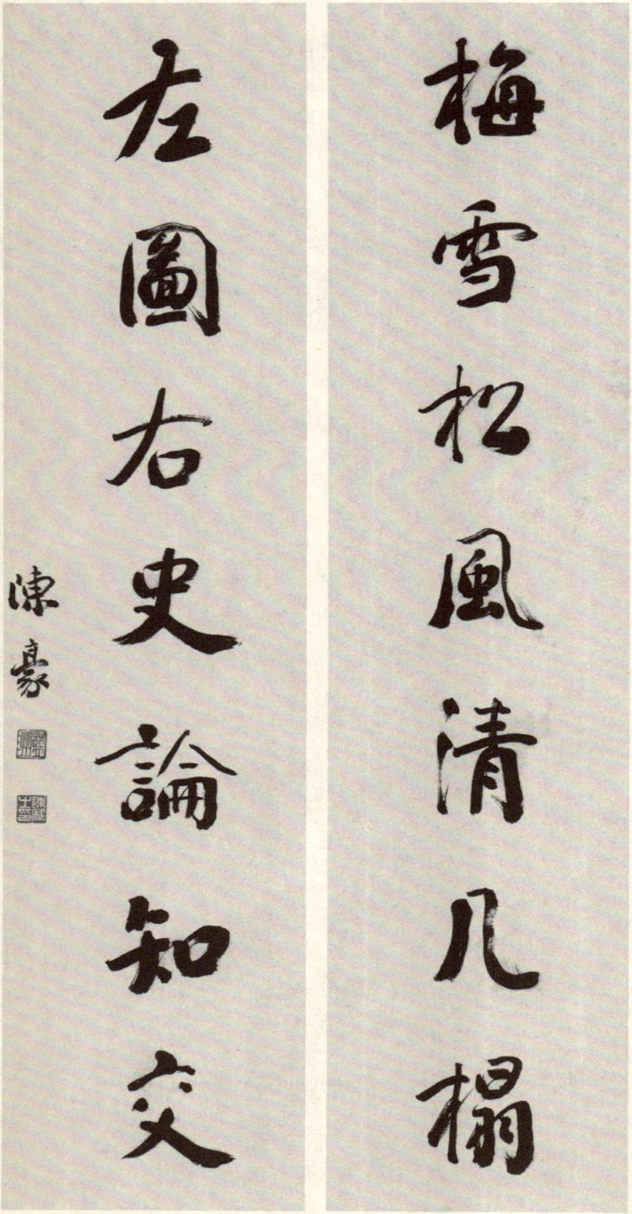

陈豪 七言对（一）

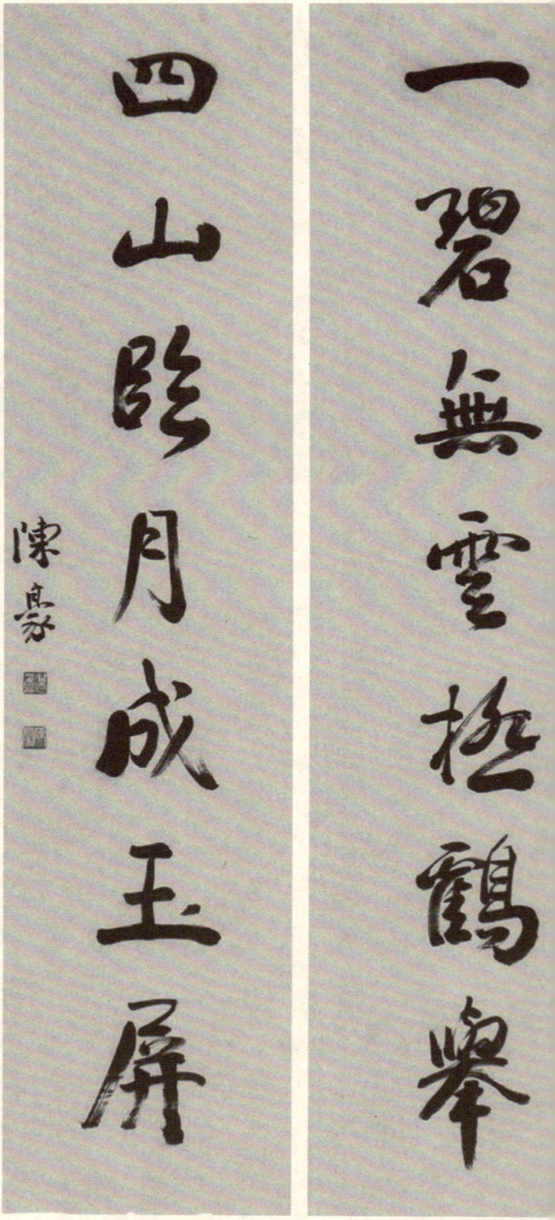

陈豪 七言对（二）

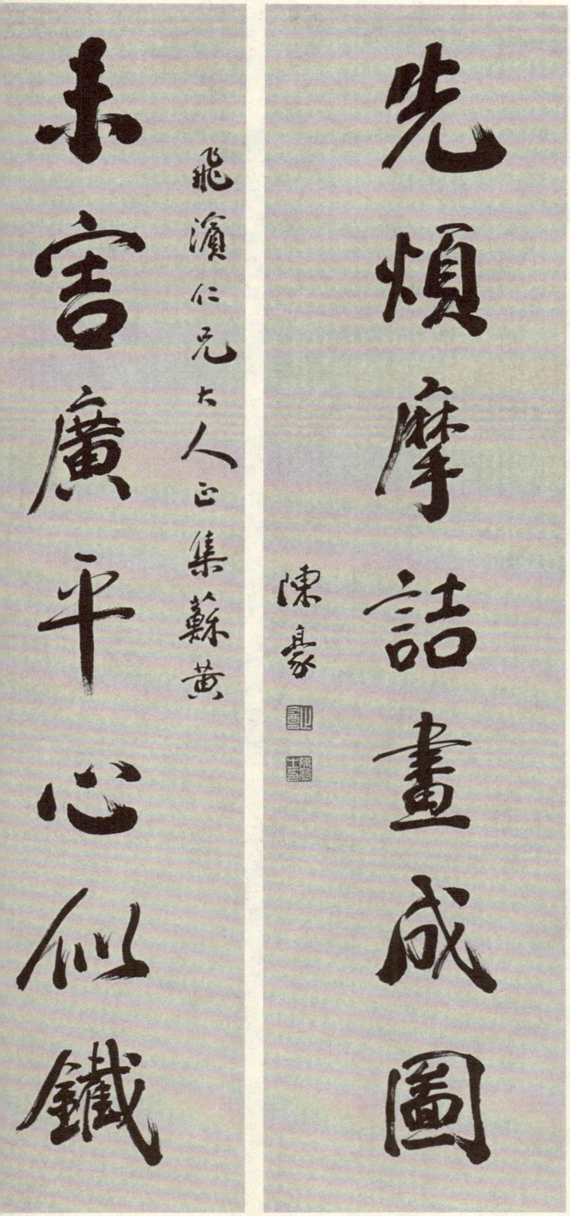

陈豪 对联（立轴）

陈豪 八言对

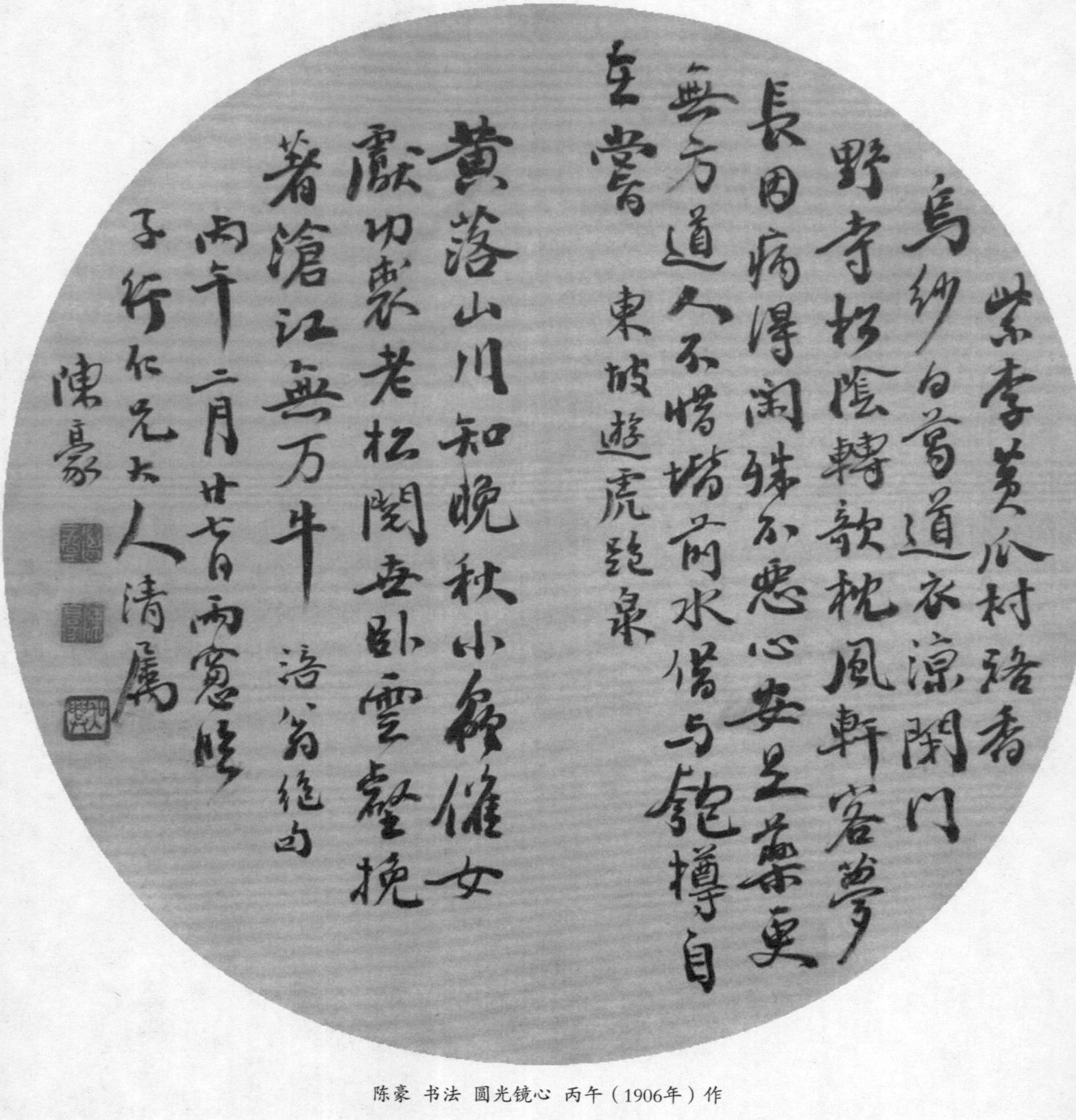

陈豪 书法 圆光镜心 丙午（1906年）作

陈豪 山水（纨扇）

陈豪 秋山萧寺图（立轴）

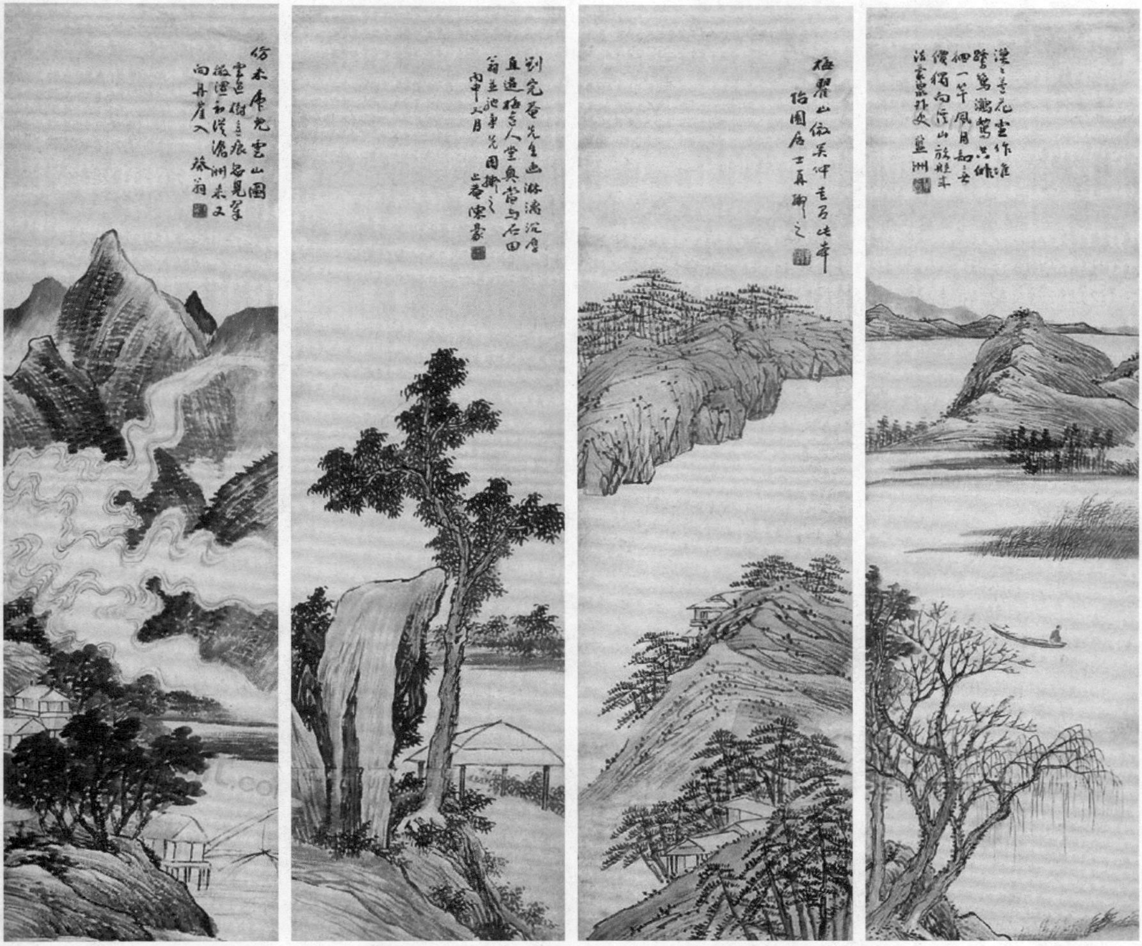

陈豪 山水（四屏）

植按捺着扑扑直跳的心脏，说：“爷……爷爷，是……是我，此事都是我一人所为，不……不关他们的事。”祖父听言，非但没有疾风骤雨地批评这个孩子，反而嘴角微露笑意，欣慰地说：“嗯，你能勇敢地认错，甚好！男子汉做事，敢做敢当……记住，要做个诚实有担当的人……。”听得祖父一席话，陈植诚恳地连连点头，这件事也在他幼小的心灵里种下了一颗“做人诚实正直”的种子，此后更是影响着他性格的养成。

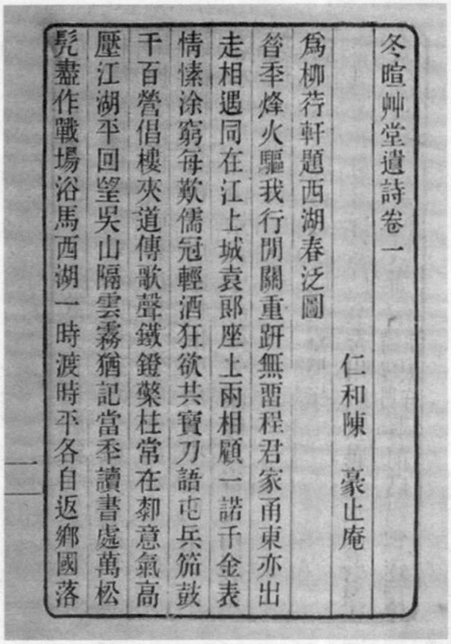
冬暄艸堂遺詩卷一

仁和陳 豪止庵

爲柳荇軒題西湖春泛圖

昔秊烽火驅我行閒關重趼無畱程君家甬東亦出走相遇同在江上城袁郎座上兩相顧一諾千金表情愫涂窮每歎儒冠輕酒狂欲共寶刀語屯兵笳鼓千百營倡樓夾道傳歌聲鐵鐙檠桂常在刼意氣高歷江湖平回望吳山隔雲霧猶記當秊讀書處萬松髠盡作戰場浴馬西湖一時渡時平各自返鄉國落

陈豪编集诗卷

如果说诚实正直的人格是陈植受到了祖父的言传身教，那么他的正义爱国则秉承其父的热血气概。陈植的父亲陈汉第，自幼聪颖，勤奋好学，也成为贡生。1894年中日甲午海战清军惨败，激起国内一片强国之声，“兴教育，图自强”的思想使当时一批有识之士纷纷在各地兴办学堂，陈汉第也是其中一员。甲午战争结束的第二年，康梁变法骨干汪康年回到杭州，找陈汉第商议办学之事，但两人势单力薄，难成气候。于是各方奔走，积极宣传“崇实”的新式办学理念，希望能有更多贤士加入其中。此时巧遇曾在京军机处任官的朱智，说明来意后三人一拍即合，之后又逢廖寿丰调任浙江巡抚，林启从衢州调任杭州知府，两人颇重储才崇实，林启更有言：“居今日而图治，以培养人才为第一义。居今日而育材，以讲求实学为第一义。”如此一来，既有了民意，又有了开明、勤政的官府支持，可谓万事俱备只欠东风。为筹办学的启动资金，在廖寿丰和林启帮助下，利用杭州蒲场巷（今大学路）普济寺僧人不法安监查处后没收的寺产兴办新式学堂，并为之命名为“求是书院”。经一番周折，书院终在1897年获清廷批准，林启兼任求是书院总办（校长），陆懋勋任监院（常务副校长），陈汉第为副监院，主管教务和总务。次年因陆懋勋进京，陈汉第升替。

求是书院利用普济寺的场地开始了第一课，本着求真务实的办学理念，校园内“勤奋”、“诚实”蔚然成风。当时清廷腐败，让诸多有志青年放弃了科举取士之路，另投“进学堂，求西学”的求是书院。生源如此，校内的革命思想亦蓬勃发展。其间有学生蒋百里不满清廷软弱无能，与一批进步学生成立“励志社”，不断发文抨击时局。官府闻讯连连

陈光第和陈汉第与孙儿艾先

陈植母亲

陈植父亲

陈汉第 甲戌（1934年）作 墨竹（立轴）

陈汉第 墨竹图

陈汉第 赤松黄石（立轴）（1933）

陈汉第 柏树

陈汉第 山水人物（扇面）

陈汉第 朱竹成扇（1938）

陈叔通(陈敬第)像

向书院施压，陈汉第识得蒋百里才思敏锐、睿智干练，日后定是个可造之材，因而焦急万分，心想切不可因此白白断送一位兴国栋梁。他急忙找来蒋百里，语重心长地说："你对政治的不平是理所当然的，但不可落痕迹，最忌开诸笔墨。"可蒋百里血气方刚，虽有所注意，但唐才常被害一事再度激起他的满腔怒火，义愤之下赋诗悼念……陈汉第为保将才，明处先把蒋从学校除名，暗中与林知府等合计将他送往日本留学。就这样，学生蒋百里逃脱了官府追捕，赴日后又辗转到德国，后来成为了中国近代著名军事理论家。

陈汉第创办求是书院时也不过二十出头，他的年轻才干后来得到东三省总督赵尔巽的赏识，在其下任职，曾一度担任国民政府国务院秘书长、印铸局长……晚年寓居上海，攻书善画，陈植一直陪伴左右，悉心照料。其间，常听父亲说起当年过往，智救蒋百里一事让陈植对父亲的爱才更是钦佩有加，使之日后亦成为一位识才尊贤的好院长、好领导。

少年时代的陈植

陈植的童年有一段在北京度过。那时陈汉第赴北京从政，带着他住在礼士胡同一座四合院。因陈植不及百日丧母，父亲又时常忙于政务，从小他就由奶妈带大。奶妈十分疼爱陈植，常领着他到胡同里遛弯，给他讲故事。陈植叔父一家也在北京，生得三个儿子鸣善、选善和循善，一个女儿诩善（陈慧），与陈植年龄相仿，这让活泼好玩的陈植羡慕不已。起先常去叔父家中玩，孩子多，热闹得便不想回去了，久而久之陈汉第便与其弟陈敬第商量，将陈植也寄宿在他家中。

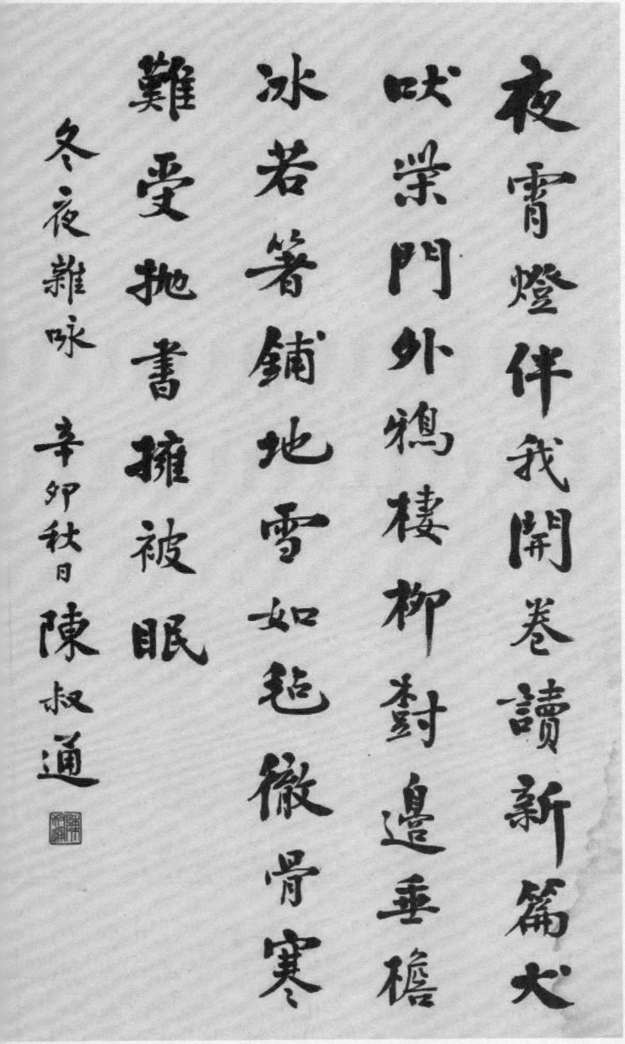
夜霄燈伴我閑卷讀新篇犬
吠棠門外鵶棲柳對邊垂檐
冰若箸鋪地雪如氈徹骨寒
難受抛書擁被眠
冬夜雜咏
辛卯秋日陳叔通

陈敬第楷书

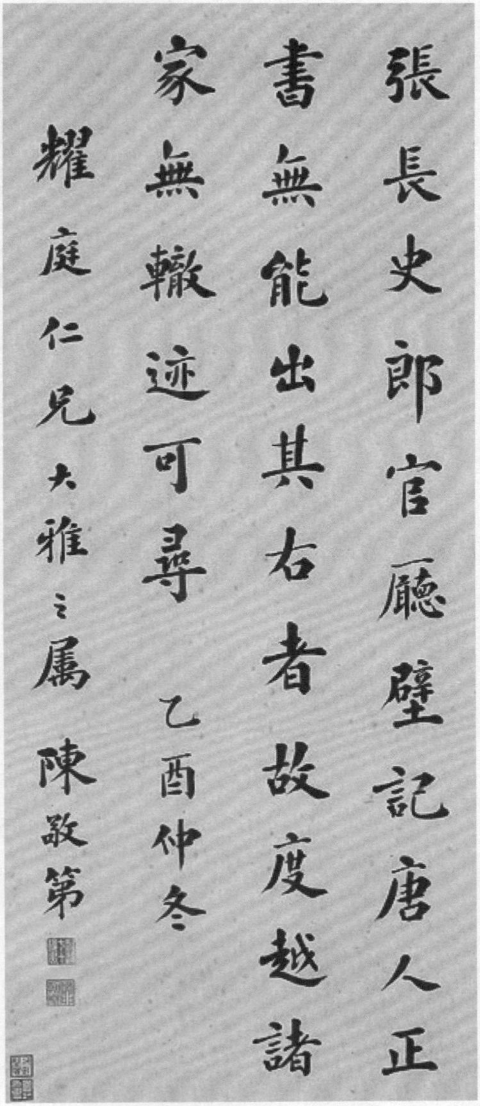
張長史郎官廳壁記唐人正
書無能出其右者故度越諸
家無轍迹可尋
乙酉仲冬
耀庭仁兄大雅之屬
陳敬第

陈敬第行书

陈豪赠陈植“好学深思”横幅

伏庐

陈氏伏庐

伏庐玺印

陈汉第印章

天性活泼的陈植加入到孩子圈后，如鱼得水，顽皮的性格常常让他成为孩子中的焦点。他奔前奔后，一会儿学鬼脸，一会儿学耍猴。由于他在孩子中间个子较矮小，比不过人又不服输，于是便动脑筋，在比个儿时挑高处有利地形站，边站边说：“我比你高哦，我比你高哦！”几个孩子在一起除了玩乐，也没放松学业。放学回家就一起做功课，还经常比比成绩，越比，学习的积极性越高，生怕落在人后，个个都奋发向上，比学赶帮。

1915年，他以优秀的成绩考入清华学校，1923年作为公派生赴美留学，1928年获建筑学硕士学位。一同长大的叔父的儿子陈选善和陈循善亦很优秀，一个获得哥伦比亚大学哲学博士，另一个获得德国博士。

志同挚友

陈植性情率真，热情幽默，人缘甚佳，一生结识友人无数。在诸多朋友当中，对其成长、发展、生活、工作产生影响的有这么几位：清华、宾大校友梁思成与林徽因；华盖创业伙伴童寯；设计院老同事汪定曾。

与梁思成的结识源于清华求学。1915年陈植以优异成绩考入这所学校，在这里，他遇到了一位志同道合的挚友——梁思成。梁思成是我国著名政治活动家、启蒙思想家梁启超的儿子，出生在日本，14岁那年进入清华学校，与陈植是同班同学。两人年龄相仿，家庭背景相似，又都酷爱音乐与美术，因此很快成为了好朋友。

从当时的《清华学堂章程》上看，学校分为高等科和中等科，“高等科注重专门教育，以美国大学及专门学堂为标准，其学程以四学年计，中等科为高等科之预备，其学程以四学年计”。学校里有西学部和国文部，西学部的老师大都从美国直接招聘，除此以外，学校

清华园

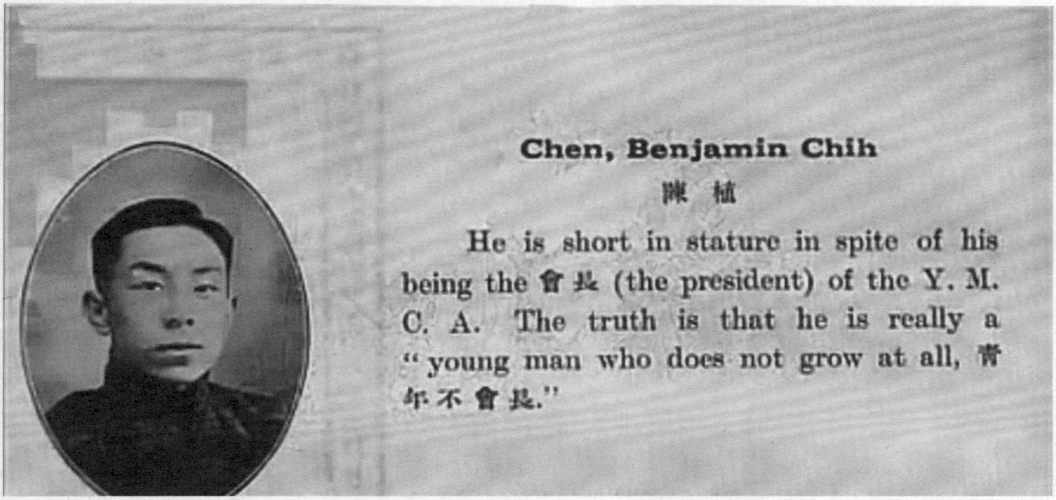

陈植清华同学毕业册

的教学体制、行政管理、教学方式等大都照搬美国模式。英语则成为校内通用的最基本语言，在校学生无论上课、听讲座、听报告、文艺表演等都使用英文，这一切为这批学生将来走出国门，出国深造扫清了语言障碍。英国哲学家罗素访问清华时，感觉“清华学校恰像一个由美国移植到中国来的大学校”。

清华的考试很频繁，计分严格，淘汰率颇高，在1911～1921年间淘汰率高达32%。陈植和梁思成来到这所学校，在这样一种氛围之下，越发积极向上、勤奋好学。虽说学业紧张，但清华的课余生活依旧丰富多彩，学校为学生提供了比较自由的环境，让学生们可以“意投则合，共策进行，纯然以公益为怀”。学生们可以尽情发挥自己的才艺，充分表达个人的想法，培养创新精神。

回忆当时在清华的日子，陈植这样写道：“在清华的八年中，思成兄显示多方面的才能，善于钢笔画、构思简洁、用笔潇洒。曾在《清华年报》（1922～1923）任美术编辑，酷爱音乐，与其弟思永及黄自等四五人向张蔼贞女士学钢琴，他还向菲律宾人范鲁索学习小提琴。在课余孜孜不倦地学奏两种乐器是相当艰苦的，他却引以为乐。约在1918年，清华成立管乐队，由荷兰人海门斯指挥，1919年思成兄任队长，他吹第一小号，亦擅长短笛……此外，思成还与同班的吴文藻、徐宗漱等四人，将威尔斯的《世界史纲》译成中文，由商务印书馆出版。”陈植对当年两人在清华的经历记忆犹新，对梁思成的才

梁启超与子女

梁思成

艺更是打心眼儿里敬佩。他参加了梁思成任队长的清华管乐队，吹法国圆号，还参加了合唱团，业余时间便随乐队排练、演出。

少时的陈植便是个孩子王，他把这活泼开朗的性格也带到了清华，参加清华学堂青年学会，还当上了会长。在学校，同学们对他是这样评价的：

Chen, Benjamin Chih 陈植

He is short in stature in spite of his being the the president (会长) of the Y.M.C.A. The truth is that he is really a "young man who does not grow at all（青年不会长)."①

其意大致是：尽管他身材矮小，但身居青年会会长一职。事实上，他就是个"长不大的孩子"。

经过8年紧张而有序的学习生活，陈植与梁思成顺利毕业。那时，梁思成与林徽因早已相识，双方父亲林长民与梁启超更是有意结为儿女亲家，故建议其一起留学。在留美以前，林徽因曾随父亲赴欧洲游历考察，西方的科学文明早在她内心留下深刻印象。建筑学既是一门新兴的现代科学技术，又能满足对艺术的审美追求，因此，林徽因早已倾心于此。在林的影响下，梁思成亦选择了建筑学。那时陈植的学长们，如清华1918级的朱彬、1919级的赵深、1921级的杨廷宝也都选择了建筑专业。陈植想到"建筑是无声的音乐，两者气息相通，有主调，有韵律，有节奏，有起伏"，故经梁思成的鼓励，也欣然选择了学建筑。

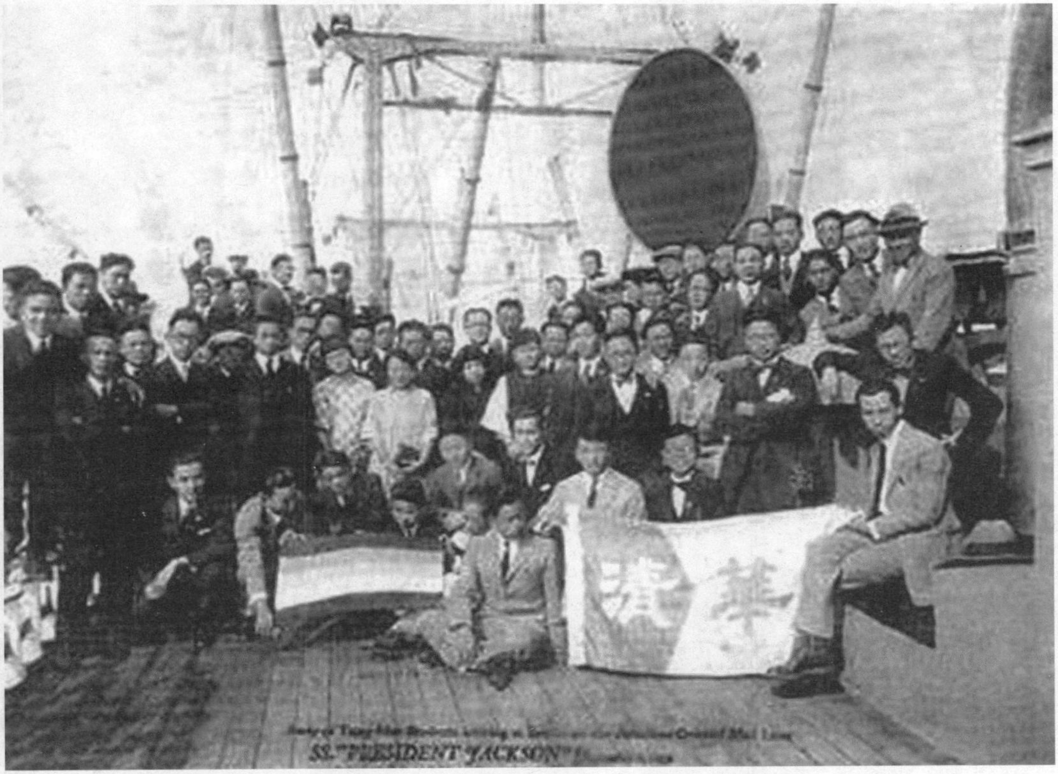

清华预备学校赴美学生在游船上合影

在当时，正是“学院派”体系古典主义风格在美国大行其道的盛期，美国费城的宾夕法尼亚大学建筑系拥有保罗·克瑞、斯敦·凡尔特等一批欧美学院派大师，堪称美国建筑教育界的盟主、古典主义的大本营。校园内哥特式建筑风格的校舍环抱于苍葱绿荫中。建筑系是一幢三层楼房。这里也吸引了陈植、梁思成等一批有志青年，我国最早的一批建筑家和建筑教育家大都出自这里。梁、陈两人在宾大再续同窗之情，一行的还有才女林徽因。

林徽因是民国时期外交家、政治家林长民的女儿，聪颖美丽，曾在英国伦敦圣玛丽学院就读，说得一口流利英文。据说在英国时，她的房东是一位建筑师，常带她去写生，这唤醒了她与生俱来的艺术细胞，让她对建筑这个专业产生了浓厚兴趣，从而在她心中播下了筑梦的种子。

宾夕法尼亚大学

到达宾大后，梁、陈两人顺利进入宾大艺术学院的建筑系学习，当时建筑系不收女生，因为建筑系学生常要在晚间作图练习，女生深夜不宜在画室，林徽因只好改报艺术学院的美术系，将建筑专业作为其选修课。

基于“学院派”体系的宾大建筑系，要求学生们掌握希腊、罗马的古典柱式和欧洲中世纪、文艺复兴时期的纪念建筑；并且实行独立研究室（studio type）的学分制和师徒制。宾大建筑专业课程主要有素描、水彩、建筑设计、建筑绘图、建筑史、油画史、雕塑史、画法几何学、透视学、建筑结构力学、木工、石工、建筑环境学、采暖通风、英文写作、英国文学史、初级法语、代数、微积分等，课程安排紧凑，上午上课，下午做作业，晚上还要绘图。全凭建筑设计课的优劣高低，定分、定级，因此，同学们都十分刻苦，陈植曾回忆说：“在宾大，担任思成兄与我的建筑设计导师斯敦·凡尔特教授曾获巴黎奖在巴黎美术学院深造。思成兄就学期间全力以赴，好学不倦给我以深刻的印象。我们常在交图前

陈植在宾大的照片

留学学子 陈植

英俊的陈植

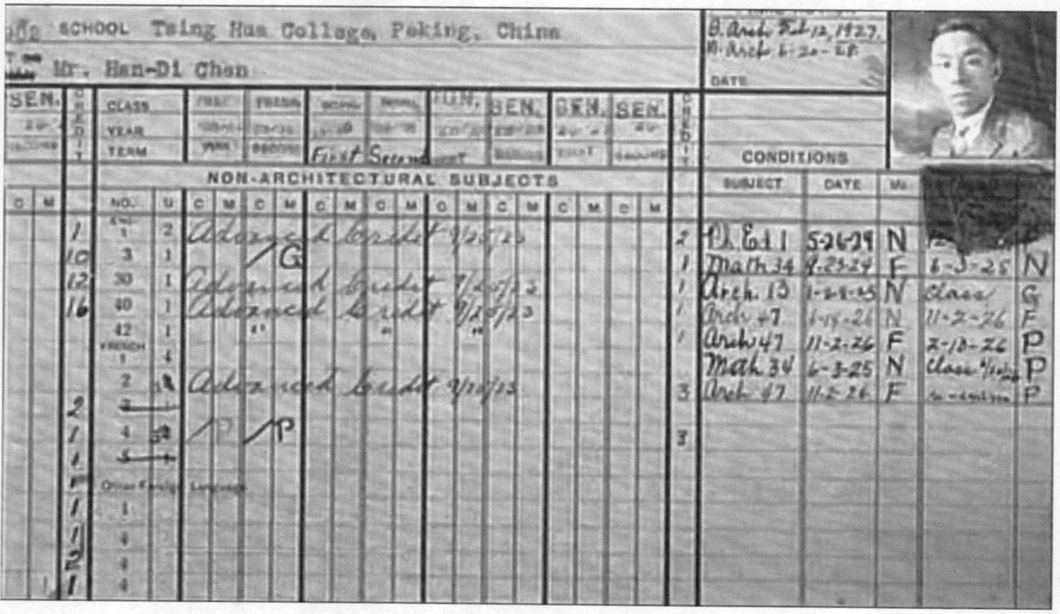

陈植在宾大的成绩单

陈植与梁思成合影

梁思成和林徽因在宾大校园

夕彻夜绘图或渲染，他是精益求精，我则在弥补因经常欣赏歌剧和交响乐而失去的时间。在当时‘现代古典’之风盛行的影响下，思成兄在建筑设计方面鲜落窠臼，成绩斐然，几次评为一级。他的设计构图简洁，朴实无华，但亦曾尝试将建筑与雕塑相结合，以巨型浮雕使大幅墙面增添风韵。他的渲染，水墨清澈，偶用水彩，则色泽雅淡，明净脱俗。”

第一次世界大战后，许多欧洲建筑师相继到美国谋求发展，著名的毕克莱和登格勒教授也来到了宾夕法尼亚大学的建筑系。两人崇尚建筑与艺术的融合，设计强调古典比例和装饰与新功能相结合，教学中注重学生的实践能力，经常给学生出一些命题作业如修复毁损的历史建筑，新建一座凯旋门等。通过命题作业的习作，使学生们平日里学到的理论知识得以应用，人人好比建筑师，将个人对建筑设计的理解得以充分地发挥与展

陈植（上左）与梁思成（下右）、林徽因（下左）在美国宾夕法尼亚大学校园内

示。这样的习作充满了趣味与挑战，陈植等人经常为之废寝忘食、全心投入，希望自己的设计日益成熟，期盼羽翼早日长成，能在建筑设计领域展翅高翔，一显身手。

经梁思成介绍，陈植结识了才女林徽因，一样的志趣相投，一样的诙谐幽默，使他们成为了好朋友。课余，他常与梁、林这对才子佳人嬉戏、游玩。陈植说："除建筑设计外，思成兄对建筑史及古典装饰饶有兴趣，课余常在图书馆翻资料、作笔记、临插图，在掩卷之余，发思古之情。宾校的博物馆与建筑系大楼近在咫尺，规模不大，但闻名遐迩，藏有我国古代铜、陶、瓷等文物；其中最令人感叹的是唐太宗陵墓的'六骏'之一，竟被盗卖而存于异邦的博物馆。思成兄、徽因与我每往必对这一浑厚雄壮的浮雕凝视默赏。"

陈植与林徽因等留学生在一起

宾大图房（1）

宾大图房（2）

董鹭汀（1934）

除了去博物馆，三人还经常去郊外散步，远离城市的喧嚣。时间充裕时，便坐车到蒙哥马利、切斯特、葛底斯堡等郊县，去看一看福谷和白兰地韦恩战场、拉德诺狩猎场和长木公园，感受异域的自然风情与人文。梁思成和林徽因对那里盖顶的木桥很感兴趣，每次去都流连忘返，要去桥上走一走，还要在远处驻足观摩那桥的形态……而陈植则陶醉于连绵起伏的绿色田野，微风拂面，掠过一缕青草香，顿时让他心旷神怡。走出那绿树成荫、碧草连连如童话般的郊外，三人又来到热闹的集市。逛逛杂货店，赏玩一下民间匠人们的小手艺，买些水果和小吃，据说梁思成最爱那里的黎巴嫩香肠和瑞士干奶酪，林徽因喜欢吃油炸燕麦包，而陈植则钟爱那独具风味的史密尔开斯。

当时美国学生大都觉得中国留学生非常古板，不苟言笑，只知求学。而陈植与林徽因两人给他们的感觉则不然，林说得一口流利英文，外向开朗，善与人交谈，陈植则诙谐幽默，常逗得大家开怀大笑。每回中国留学生聚会，只要有他俩在，总是充满着欢声笑语。

身在异域的中国学子，每到节假日，都会聚到一起。那时，在哥伦比亚大学读书的陈选善、陈循善和陈植的胞姐陈意也都会赶来，还会带上董鹭汀。董鹭汀是民国初期著名报人、国民党政要董显光的女儿，赴美学习音乐，在游轮上结识了从燕京大学毕业后赴哥伦比亚大学读家政的陈意，两个姑娘一路上有说有笑，甚是投机。陈意见董鹭汀温柔淑婉，知性优雅，抵美后便介绍给弟弟陈植认识，更有意撮合两人。如此一来二往，对音乐的共同爱好与追求，让他们产生了共鸣，爱意滋生，美妙的旋律谱写了两人的爱情宣言，此生长伴。

与学音乐的女友董鹭汀交往，更加深了陈植对音乐的热爱，这时的他对音乐有了别样的认识与感知，他的歌声中总带着那份淡淡的甜蜜。利用课余时间，他还师从费城科迪斯音乐学院著名男中音歌唱家霍·康奈尔教授，学习了4年声乐，专业水平大有提高。宾大成立合唱团后，他积极报名参加，经选拔后被录取，荣幸地成为合唱团里唯一的东方学生。1927年合唱团和费城女声合唱团约150人应纽约交响乐团指挥华·丹穆拉旭邀请，参加演出，他与美国人同台演出贝多芬第九交响曲《欢乐颂》四重唱，成为中国人在海外以男中音演唱这首歌的第一人。陈植随合唱团在各地巡回演出，还在白宫受到当时美国总统柯立芝的接见。

陈植在音乐方面不断精进，这同时也使其在建筑艺术上的造诣不断提高。他逐渐领悟到建筑是造型艺术，其布局、对称、均衡和色彩等都体现了艺术的美感，由各种建筑构配

报人董显光

□侯 杰　黄景鳞

《庸报》的创办者董显光

在中国近现代新闻报刊史上，有一位非常著名的人物，名叫董显光。在他的报海生涯中，有不少值得书写的地方，而《庸报》无疑是其最为精彩的一笔。

1887年，董显光出生于距离浙江宁波东南20里左右的一个小镇。在这个小镇上，董显光度过了自己非常艰苦，也令人难忘的童年。由于家境清贫，全家人要靠三亩稻田为生。日出而作日落而息的农耕生活使他们一家人和乡亲们的日常起居并无二致，然而因为他家是小镇上唯一的一个基督教家庭，所以信仰生活常常为邻里们难以理解。对于董显光来说，童年的学习生活枯燥乏味，印象比较深刻的就是老师非常严格，常常用木板惩罚学生。就是在这样的情况下，董显光从小便背熟了《百家姓》、《千字文》，算是受到启蒙教育。后来，由于三亩稻田实在难以支撑包括父母和两个妹妹在内的五口之家，他的父亲在考虑再三之后，决定将稻田租给别人耕种，签了在上海建筑内地会房屋的合同，全家遂迁往上海居住。

到上海之后，董显光受到比较正规的学校教育。他先后进入中西书院、清心中学及民立中学读书。在民立中学即将毕业的时候，他的父亲不幸去世了。由于全家没有了经济收入，董显光不得不放弃自己的学业，到社会上去找事情做。在接到浙江奉化龙津中学的邀请之后，他立即决定出任这所家乡中学的英语教师。在龙津中学教书的一年时间里，董显光结识了班里的学生蒋介石。这为两个人后来的交往一生奠定了基础。1907年，董显光和自己在清心中学读书时便相爱的赵荫芗女士结婚，同时经过原来他父亲挚友的介绍，得以进入上海商务印书馆工作。

1909年，董显光在美国基督教长老会的帮助下赴美留学。美国的工读生活十分艰苦，董显光在学校做过铲煤、送牛奶和修理园圃等工作，此外还在中国餐馆打过工，甚至在农田中驾着马车锄过草。虽然他饱尝种种生活的艰苦，但是亲身领略了美国人的生活，感受了美国社会与文化，从而更加珍惜来之不易的留学生活。经过刻苦努力，董显光终于获得了密苏里大学新闻学院学士学位，成为中国第一位赴美国学习新闻专业并获得学位的留学生。1912年，董显光进入哥伦比亚大学普利策新闻学院攻读硕士学位课程，继续深造。在此期间，董显光主动开展社会实践，积极从事采访实践，兼任《独立》杂志特约书评撰稿人，并且曾经访问了罗斯福总统。

1913年春天，董显光接到母亲病重的家信，顾不得取得硕士学位便决定立刻回国。在归国途中的船上，董显光巧遇孙中山先生，并对他进行了采访报道。回国之后，经孙中山介绍，董显光出任上海英文《民国西报》副主笔，并成为该报派驻北京的记者。“二次革命”时，董显光在报上无情揭露袁世凯指使党徒刺杀宋教仁的真相。1914年6月前后，他还受聘担任英文《北京日报》主笔，积累了越来越多的办报经验。

1925年3月1日，董显光在天津创办了一份自己的报纸——《庸报》。经理王镂冰是他原在顺直水利委员会的同事，后来，又聘请邰光典为总编辑，增聘姜希节、王芸生、秦丰川为编辑。报纸的名字取自儒学的“中庸之道”。1927年后，董显光亲任社长，另请张琴南任总编辑，蒋光堂任总经理。报社开始的时候规模较小，人手不够。在忙不过来时，董显光常常一个人兼做发行人、主笔、编辑、广告经理和外勤记者。董显光用他在美国密苏里大学和哥伦比亚大学所学的办报理论、结合多年的办报经验，精心策划与经营这份报纸。

当时在天津出版的中文报纸一般多沿用英国报纸的格式，对此，董显光把“美式”报纸经验与中国报纸相结合，做出了大胆改革。首先，在版式上，放弃了中文报纸沿用英式的排版形式，把广告放在第一版；其次，《庸报》刊登的新闻一律采用大标题，遇到重要新闻，则作跨栏的长标题。除了突出新闻特色之外，该报的编排也颇具匠心，给人以耳目一新之感。在董显光的精心安排下，《庸报》的版面一下子变得新颖别致了很多，加之配有照片，更加生动传神。文章内容以突出编排本市各类新闻为特色，尤其是副刊，对体育界、文艺界的活动报道增加，因此很受群众欢迎。1928年皇姑屯事件发生后，董显光采用新的编排方式，在《庸报》上率先揭露日本当局是炸死张作霖的凶手，披露了事实真相，同时也收到了引起社会各界人士和广大读者关注的宣传效果。报纸的销路大增，至1930年前后，该报的销量接近两万份，发行量仅次于《大公报》和《益世报》，成为天津的第三大报纸。1935年的冬天，董显光患病，不得不通过经理蒋光堂将《庸报》卖给了红卍字会。后来发现红卍字会竟然有日本的背景，他懊悔不已。1937年，天津沦陷后，《庸报》成为给日本侵略军武装占领中国作舆论宣传的机器。1944年，敌伪政权命令天津的所有大小报纸一律停刊。而《庸报》由于已经沦为日本侵略者的喉舌，所以改名为天津《华北新报》后继续存在。

董显光在一生中，对中国近现代新闻报刊事业的发展贡献良多。特别是从自己出资创办、经营《庸报》开始，他有意识地把西方先进的办报观念引入中国，介绍给中国读者，并在自己的办报实践中加以中国化。1930年，董显光任英文《大陆报》总经理兼总编辑。抗日战争期间，历任国民政府军事委员会第五部副部长、国民党中宣部副部长，专门负责国际宣传。从外宣文案的设计实施到人员的培训，董显光几乎全程参与。他还设立了英文、法文、德文、俄文、日文等外文研习班，让记者、编辑通过学习提高外语水平和业务水平。1957年，董显光获得密苏里大学新闻学院的“新闻事业服务奖章”，成为中国第二位获此殊荣的新闻从业者。

剪报

董显光夫人.赵荫芗

1925年董显光与夫人

（左起）陈意、林徽因、？、董鹭汀、陈植

件组合成的建筑才是一个完整的整体。建筑在音乐家眼中是凝固的音乐，在诗人笔下即凝固的诗词。巴黎圣母院那宏伟澎湃的气势给贝多芬的《英雄交响曲》以启示，罗马大教堂前广场林立的廊柱让诗人歌德深切感受到一种跃动的旋律。

1926年，陈植经过宾大扎实的建筑专业课程训练，以及在音乐和绘画艺术上的修养，使他在“柯浦纪念设计竞赛”中崭露头角。竞赛选题是一个市政厅的改建项目，要求在离原建筑数英尺的西北侧，设计一个新立面，成为城市道路转角处主立面。此类选题在过去的课堂训练中也时常遇到，这让陈植更加胸有成竹。他是个完美主义者，且力求创新，他希望这次的设计能突破以往课堂的练习。最终作品以高大的拱券门和两侧西式立柱，中间的多级台阶和居中的讲台，组成市政厅的崭新立面，形成城市道路转角空间一个瞩目的视点。当评委们拿到陈植的作品时，渲染图上富丽堂皇、气派非凡的市政厅立面使他们眼前

节假日陈植经常与好友相聚

陈植在美留学时与董鹭汀及陈意和陈敬第两个儿子合影

陈植与夫人

陈植与梁思成、陈意、董鹭汀等留学生在一起

董家合影(右一陈植)

陈植夫妇与岳毋赵荫芗

陈植与梁思成等同学留影

1924年陈植与梁思成等在纽约国际大厦前合影

宾大老师保尔·克瑞

一亮，经过几番讨论后决定其设计为“柯浦纪念设计竞赛”一等奖。1926年9月27日《费城时报》特此作了新闻报道，陈植那英俊的照片首次刊登在美国报纸上。

陈植在回忆宾大求学时的诸多闪光点时，总会既兴奋又自豪地说：“在美国学生中流传有两句口头语：一曰 Damn Clever these Chinese（这些中国人真棒）！二曰 Chinese Contingent（这是中国小分队）。”他、梁思成、林徽因还有童寯等一批中国留学生都取得过各种设计竞赛的奖项，使那些本土学生对这批中国学子刮目相看，也为中国人扬眉吐气。

1927年，陈植从宾大建筑系毕业，获得学士学位，随后留校转入研究生院继续深造。他的挚友梁思成也完成了学业，毕业后选择哈佛大学研究生院攻读东方艺术博士学位，林徽因毕业后获美术学士学位，选择耶鲁大学戏剧学院学习舞台美术设计，就此陈植结束了与两位好友在宾大相处的日子，各奔前程。

EVENING BULLETIN
PHILADELPHIA

CHINESE STUDENT'S IDEA FOR CHANGING CITY HALL

The plan of B. C. Chen, a Chinese student at the University of Pennsylvania for architecturally improving the northwest corner of City Hall, looking out upon the Parkway, has received the Walter Cope Memorial Prize. The problem, submitted by a committee conducting the contest, called for extending the entire north side of City Hall several feet so that a new facade could be created, filling the obtuse angle as shown in diagram above. Chen's design for the new facade, which would make City Hall five-sided, is pictured above. It is marked by a niche, flanked by columns and a rostrum at the base. Chen is shown in the inset.

1926年6月27日费城报纸对陈植获柯浦一等奖报导

陈植参加1926年柯浦奖竞赛的获奖作品

童寯

陈植与童寯在纽约事务所和外国建筑师合影

童寯比陈植晚几年进宾大，他也是陈植的知交之一，用陈植自己的话说："他与我同窗5年，共事20载，意气相投，成为莫逆之交。"童寯1925年考入清华学校，经留美预备班学习后赴宾大建筑系学习，遇陈植，同窗5载，1928年冬他以三年修满六年的全部学分，提前毕业获建筑学硕士学位。此间在1927年命题罗丹博物馆的全美大学生建筑设计竞赛中获二等奖，1928年又参加命题新教堂的设计方案竞赛，全美50所大学建筑系学生参加，他荣获一等奖，回国前与陈植一同在纽约的建筑事务所实习。1930年9月，受梁思成邀请在家乡沈阳东北大学任教，再遇陈植。之后又应陈植邀请南下上海合组"华盖建筑事务所"，共事20个年头。从青年求学到中年共事，再到晚年交往，两人几十年来往和书信不断。从工作到家庭无话不谈，深厚的友情甚至传到了下一代。

童寯于1983年不幸因病去世，陈植悲痛万分，往昔种种忽如泉涌，历历在目，已届八十高龄的他不禁提笔撰写《意境高逸，才华横溢》悼念文章，追忆故人的一生，表达思念之情，此文发表在同年10月《建筑师》杂志第16期上。

文中陈植对友人童寯的为人、学识、才华等给予了高度评价：

童寯同志品德高洁，刚正不阿，秉性耿直，从不随波逐流，应声附和，从不自傲自负，思名思利。他爱憎分明，对志同道合者热情奔放，推心置腹，侃侃而谈，对班门弄斧、阿谀奉承者冷若冰霜，嗤之以鼻。他对文人中的剽窃行为极端鄙视，自己积累的资料则任人参考使用。他在执行建筑业务时严格遵循职业道德标准，不因揽业务而自我吹嘘，贬低别人或奉承业主。在设计某一电影院时受流氓威胁，毫不畏惧，斥之于门外。当营造厂、材料商有所馈赠，他拒不接受。

他待人接物谦逊宽厚，对个人成就从未流露自满情绪，甚至认为不足挂齿，因之所作数百幅水彩画从不示人以自夸。1930年当他返国到沈阳时，梁思成以东北大学建筑系主任职位相让，他婉辞不就。“九一八”事变的次年，东北大学建筑系三、四年级学生流离失所，来沪请求续课，童寯同志呼吁建筑界友好与他共同义务为学生补习功课。历时两年，终于授课完毕，通过事先磋商由上海大夏大学发给文凭。他毕生克勤克俭，遇亲友急需，辄慷慨解囊相助。

童寯同志才华横溢，学贯中西，通古识今，是一位遍览群书、知识渊博的学者。他对建筑历史、建筑理论、建筑设计、园林研究及绘画方面，无不有卓越成就。除此之外，他对音乐，特别是交响乐研究有素，曾熟读罗曼·罗兰所著《歌德与贝多芬》（法文版）。他对音乐不是单纯欣赏，而是将音乐思想用建筑设计表现出来，有基调、有起伏、有韵律、有节奏。他崇敬陶渊明、郑板桥的性格——平淡爽朗，俊俏高雅。

童寯同志手不释卷，笔不离手。他精通英文，通晓德、法文，习惯于边阅读边摘录，积累资料，从各个角度分析问题，在理论上深入探讨。他引证东西往往摆脱建筑学本身而从更广阔的领域观察建筑学中的问题，然后提出自己独特的见解。他经数十年的蕴蓄，在晚年奔流直下，成书11册，论文11篇，其他遗稿尚待整理。在建筑方面，他著有《日本近现代建筑》、《近百年西方建筑史》、《建筑科技沿革》、《新建筑与流派》、《外国纪念建筑史话》、《外中分割》、《北京长春园西洋建筑》等。在造园方面，他著有《江南林园志》、《造园史纲》、《随园考》、《亭》等。他尚有英文著作《中国建筑的外来影响》（*Foreign Influence in Chinese Architecture*）、《东南园墅》（*Glimpses of Gardens in Eastern China*）。他研究园林早于对建筑理论的探讨，在1932~1937年间，遍访上海、苏州、无锡、常熟、扬州及杭嘉湖一带，考察庭园，不辞辛苦，独自一人徒步（他从不乘人力车）踏勘、摄影、测绘。这一工作是十分繁重、艰苦而富有成效的。

他在病痛折磨中，还为《大百科全书》写“江南园林”这一条目，约千余字。逝世前四天疼痛难忍，还为教师修改英文讲稿，给博士研究生答疑，确是拼搏到生命的最后一刻，可谓是“春蚕到死丝方尽”。由于他英文方面造诣极深，他的文笔不论中文或英文，总是古朴、凝练、流畅，可与文学家媲美。

童寯同志的建筑设计风格。他在宾夕法尼亚大学期间，设计导师为“法国国家文凭建筑师”毕克莱（George Howard Bickley）。三年的就学中，他反对模仿，肆力于吸古今成独创，成绩卓著，深为毕克莱所赞许。由于导师的民主作风，平易近人，亦由于童寯同志独有见解，因之有时师生之间摆脱了指导与被指导的关系，而且互相尊重，共同探讨。他曾先后获全美大学生设计竞赛一等奖、二等奖。

返国后，童寯同志在华盖建筑师事务所设计的有文化馆、图书馆、办公楼、银行、学校、住宅、公寓、旅馆、电影院、厂房。他思想敏捷，落笔迅疾，创作以格调严谨、比例壮健、线条挺拔、笔法简洁、色彩清淡而取胜，不务华丽，不尚修饰。我们同事务所的建筑师三人之间曾相约摒弃“大屋顶”，只在某办公楼的设计中，由于要与原建筑相协调，不得不沿用古典形式。在民族形式方面，如南京原国民党政府“外交部”办公大楼有所突破，而童寯同志所设计的南京中山文化教育馆（抗战时毁于炮火）在融汇古今中外的尝试上是有示范意义的。馆的正门两旁屹立着两个塔柱，上部嵌以琉璃花砖，气势宏伟，以形传神地表达了浓厚的民族风貌。

童寯同志自幼学油画，因之对素描早有基础。在清华期间又攻水彩画。在宾夕法尼亚大学时得绘画教授、美国名水彩画家道森（George Walter Dawson）的指导，取得了非凡的成就。他运笔之迅捷，落笔之精确，使同学们称为“有照相机般的眼睛”（Photographic Eye）。他对铅笔画、炭画、蜡笔画、粉笔画、水粉画无所不能，而最精于水彩画。他的水彩画，形神兼备，豪放不羁，浑厚蕴蓄，笔法道畅，色彩清逸。他善于运用淋漓的阔笔，亦善于运用枯涩的细笔。

他在中年曾习国画，从山水花卉名家汤涤（定之）为师，两人性格均刚直坦率，极

陈植与童寯

在事务所图板前

为契合。童寯同志所绘的高山峻岭，深谷幽溪，墨线纵横，墨点跃动，引人入胜。他喜宋画，更仰慕明家徐渭（文长）的明快姿肆，清石涛（朱若极）的意匠苍健，以及清末“扬州八怪”和近代的黄宾虹、张大千。童寯同志的山水意境高雅，逸笔草草，是他的气质和修养的映像。

童寯去世后，陈植仍时不时给他的儿子童林夙去信，热切问候好友后人的境况，以表关心。在为《中国大百科全书》撰写“华盖建筑师”条目时，专程写信给童林夙，谈起其父当年的成就，信后特写上“我因病未能去与堂弟遗体一面，至今追悔不已”，表达对友人的无限思念。

说起共事的伙伴，属汪定曾与陈植共事时间最长。汪定曾，著名建筑师，1938年获美国伊利诺伊大学建筑硕士学位，回国后在昆明铁路局当工程师，后来在重庆中央银行当工程科建筑师，抗战结束后，在上海市工务局第二处任处长，担任都市计划委员会副主任。1949年新政权建立后担任上海市政建设委员会副主任。上海市规划建筑管理局成立时他与

陈植成为同事，共事多年，关系融洽，情谊深厚。

为了解陈植的一些故事，2009年我们特地采访了97岁高龄的汪老。听闻我们要为陈植著述立传，汪老甚感欣慰，恨不能将当年往事一一细数。未等我们说完，只见他望着我们手中收集到的老照片，若有所思地开始回忆起来："在之江大学时，陈植是建筑系主任，他请我去做教授，还有聘书。""后来之江大学建筑系被同济大学合并后，我和陈植都去了同济。"再后来"我们一起去规划建筑管理局，他当副局长、总建筑师，我是副总建筑师"，"1957年我们一起到民用建筑设计院"。工作中两人从来没有因意见分歧而面红耳赤过，总是有商有量，他说："我画的图纸都请他看，他一般没有什么意见。"

与友人在一起(后左一童寯，后左五陈植)(童明提供)

看到一张上海中苏友好大厦（今上海展览馆）的照片，汪老的思绪又被带到了1954年，他接着说："陈植是中方专家组组长，整个地区规划是我管，他管内，我管外……"当我们谈起鲁迅墓和纪念馆的项目，汪老顿时神采奕奕，我们知道那是一段美好而快乐的回忆。那时，他俩在规划建筑管理局共事，汪老笑眯眯地说着："我们俩在一个办公室里工作，而且是面对面坐着，关系非常好。鲁迅墓和纪念馆项目就是那个时候合作的。""那时，我们办公室里还放着一对沙发，中午午休时我俩就背靠着背休息。后来我们换了办公室，还总把那对沙发带着，都说是有了感情。"我们与汪老沿着历史的脉络一直谈到退休（退居二线），那时两位老人依旧来往甚密，"他（陈植）基本上天天一个电话，那时他住在淮海路，我去他家看他，那时候陈植年纪大了，外出不是很方便"。除了电话，他俩还通信，汪老说："陈植曾给我写了很多信，一般我们会谈到报纸、电视上反映的一些社会问题，我们会讨论。对于社会上的建筑设计方面、规划方面一些我们觉得不合理的地方我们都会说说。"

教学经历

陈植一生除设计了诸多优秀的建筑作品，他还为国家培养了一大批设计精英，而今他们大都功成名就，但依旧忘不了当年恩师的谆谆教诲。

陈植的教学生涯是从东北大学开始的。东北大学建筑系是中国最早创办建筑系的学校之一，1928年张学良将军主政东北，8月接任东北大学校长，他本着“培养实用人才，建设新东北，以促成国家的现代化”的办学宗旨，不惜重金广招贤士。为办国际一流学校，与国际接轨，开设多个新学科院系，建筑系便是其中之一。建系之初，时任东北大学工学院院长的高惜冰想到了自己的清华校友梁思成，便通过梁启超写信给梁思成，诚邀其到东北大学建筑系任系主任。当时梁思成正在欧洲游历考察西方的建筑文化，得知此事，一腔爱国情使他迅即回国，操办建系之事。

梁思成到达东北大学后，高院长告诉他：“建筑系已招收了一班学生，但一个专业教师没有，也不知道开些什么课，一切都等你来进行。”缺人、缺教材，梁思成知道自己一

东北大学

东北大学校园

人难当重任，他需要一个团队。他赶紧叫来与他一同回国正在福州老家探亲的妻子林徽因，有了得力助手，两人随即开始筹划建筑系的教学课程。他们都是宾大科班出身，宾大“学院派”的建筑教育观念对他们影响至深，因此东北大学的建筑教育与宾大建筑系一脉相承。两人根据自己在美所学编写教材，带有深厚的古典主义色彩，教学模式亦仿照宾大，授课、做题和绘图作业皆使用英语。

东北大学建筑系

第一学期梁思成主授西方建筑史、中国建筑史，林徽因则担任建筑设计、美学、雕塑史和专业英语，繁重的教学任务和系中大小事务让他俩人忙得不可开交，着实吃力。患难之际，梁思成想到了好友陈植，遂写信给他。正在纽约建筑事务所实习的陈植一听好友有难，放弃了留美学生回国途中都要游历欧洲考察的

童寯加入东北大学建筑系

惯例，连忙收拾行李回国，赴东北任教，助梁思成一臂之力。之后童寯、蔡方荫也纷纷赶来助阵。东北大学建筑系的这段时间是其最兴旺时期，梁思成的女儿梁再冰在《我的妈妈林徽因》一文中提道："陈植、童寯和蔡方荫伯伯后来都到东北大学建筑系任教，他们都是爹爹和妈妈在宾大的老同学。陈植伯伯还是爹爹在清华学堂的同学。在这些伯伯中，我最熟悉的也是陈植伯伯。"每到周末，这些老同学们都会到梁思成和林徽因的家里喝茶、聊天，其间更少不了陈植给大家讲笑话，其乐融融。

到了第二学期，建筑系的教学实力显著提升，羽翼日渐丰满，建筑设计课由梁思成、林徽因、童寯、陈植担任，结构设计课由蔡方荫担任，暖气通风课由彭开煦担任，绘画

在东北大学教授住宅楼前陈植与梁思成、刘崇东、傅鹰、蔡方荫、徐宗合影

1931年东北大学建筑系师生合影

写生由孔佩苍担任。课程设置也渐丰富，总共30门课程，除了一些基础文化课外，便是应用力学、图式几何、营造则例、图案（一、二、三、四）、宫室（中国和西方）、阴影、图画（一、二、三、四）、透视学、木工式铁石、炭画、水彩（一、二、三、四）、建筑工程理论、建筑工程设计、合同等。他们还参照宾大的课程，从欧美和日本购进一批古代和现代的建筑幻灯片，更为形象地为学生讲授建筑知识。

当年东大建筑系学生张镈曾回忆说："因为建筑设计课占学时较多，经常日夜赶图，给技术课留下的自修复习时间少，以能及格升班为目标，从一开始就有重艺术、轻技术的倾向……老师们十分重视学院派的'五柱式'模数制，要求能识、能画，能背诵如流，能按模数默画。"诸多老师中，他对陈植的印象尤深，"陈师改图快，效果好，心领神会"。

宾大归来的生力军使东北大学建筑系如虎添翼，为了进一步加强理论与实践之间的联系，让学生们也能尽早地得到实战锻炼，梁思成、陈植、童寯和蔡方荫合作成立了"梁陈童蔡事务所"，林徽因以古建筑专家身份参与事务所的工作，沈阳郊区的"萧何园"便是她与

吉林大学

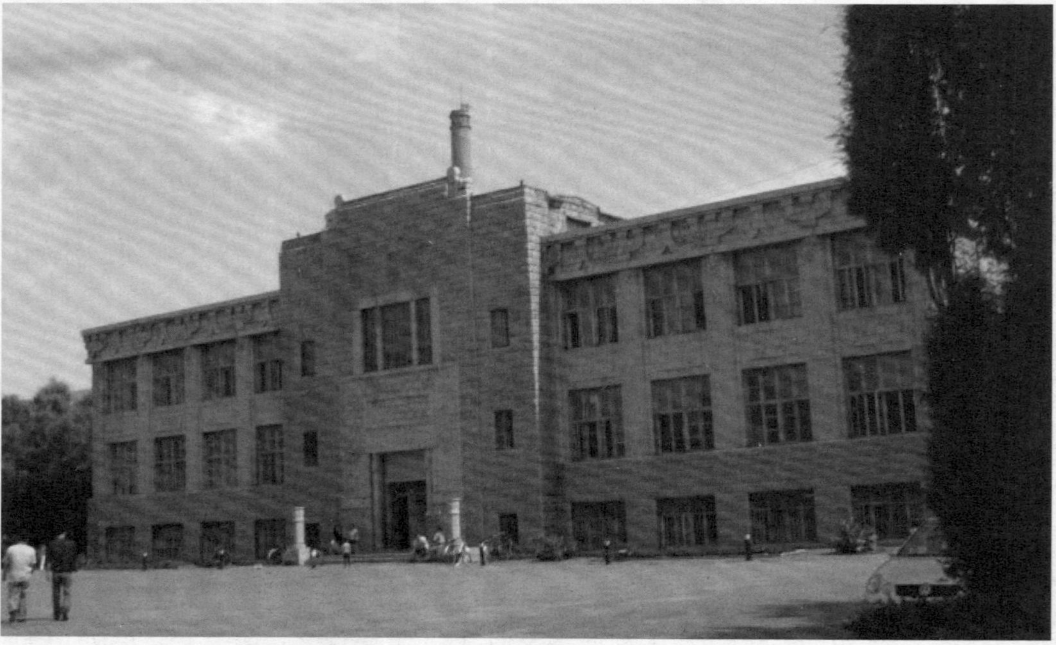

吉林大学副楼

原交通大学锦州分校

梁思成合作的作品。原事务所的四人个个身手不凡，梁思成在美获得博士学位，荣获彭省大学建筑设计金质奖章、南北美洲市政建筑设计联合展览会特别奖，还被聘任费城市政设计技术委员；1926年陈植获得柯浦纪念设计竞赛一等奖；1927年童寯参加全美50所大学建筑系学生参加的“新教堂”命题设计方案竞赛荣获一等奖；蔡方荫是美国麻省理工学院土木工程硕士。有着这样一批精英的事务所，很快便承接到了吉林省立大学校舍总体规划和三层教学大楼的设计项目。在诸位妙手之下，整座大楼虽不高，却气派非凡。整体规划秉承中国传统的中轴对称理念，在中轴线设主楼，东西两侧对称设副楼，主楼建筑面积3 383平方米，东西副楼建筑面积各为3 018平方米。建筑外立面采用大块花岗石砌筑，显得厚重古朴，也许是受欧洲古典主义建筑的影响，在当时国内是绝无仅有、打破常规的大胆设计。楼顶和女儿墙加装石砌斗拱花纹，门柱上部按中国传统建筑风格安置螭吻饰件，在窗间墙做中国传统木结构八角形处理，是一座中西合璧、宏伟又别致的经典建筑。这座建筑后来被收进《中国现代美术全集》、《中国建筑史图说》等权威著作中，1999年被列为吉林省重点文物保护单位，现为东北电力学院校舍一部分，得到很好地保护。

之江大学红房

原之江大学学生杨京方2002年向陈植老师寄出春节贺卡上他回忆50年前之江大学所作水彩画

事务所的另一个设计作品是东北交通大学，当时称民国北京政府交通部唐山大学锦县分校，1928年建成新校舍，1930年由张学良兼任该校校长。事隔一年后，震惊中外的“九一八”事变爆发，这里曾作为辽宁省政府行署临时办公地，日军两次派飞机狂轰滥炸，使校舍严重受损。现在老校舍已消失，原址上建造了一座原东北交通大学遗址纪念馆以传承这段难忘的历史记忆。

“九一八事变”后，眼见东北即将沦陷，而林徽因体弱结核病复发只得回北京香山养病，中国营造学社也亟待筹措，故而梁思成决定到北京安家，东大的建筑系则交托给了童寯。陈植就此暂别讲台，受赵深邀请，南下上海开设建筑事务所。东北黑土地上留下了第一代归国建筑师的脚印，这里有他们建筑设计的处女作，从这里也走出了中国自己培养的第一代建筑师，执教东大建筑系也是梁、陈、童、蔡等老一辈建筑大师的美好回忆。

随着时局不断恶化，东北大学建筑系也随风雨飘摇，东北再不是久留之地，建筑系

陈从周加入之江大学

的教授大都到了上海，时任系主任的童寯向陈植求援。陈植闻讯后，牵挂着学子们的课业无法完成，积极同大夏大学磋商，将三、四年级学生安排在那里借读。为了让这批流亡学生完成学业，陈植不但自己义务授课，还拉上了事务所的合作伙伴赵深，历时两年，当时东北大学建筑系的最后两届学生终于完成学业。自此东大建筑系共招了三届学生计23人，第一届有刘致平、郭毓麟等10人；第二届有刘鸿典、梁思敏等9人；第三届有唐璞、张镈、林宣等14人。这批人后来都成为了中国建筑界卓有成就的大师和学者。

送走了东北大学建筑系的最后一批学生，未曾想陈植与讲台的缘分尚未了。几年后，他又接到之江大学的执

之江大学绘画课

之江大学建筑系1945年级毕业照（右二陈植）

1950年之江大学建筑系毕业照

陈植 画柳鱼图（立轴）（1949）

教邀请。之江大学原坐落在美丽的杭州钱塘江畔，1937年因“八一三”淞沪战役爆发被迫内迁，当时上海租界还算稳定，建筑系则迁到了上海，师资稀缺准备从建筑事务所中物色。

那时上海滩鼎鼎有名的华人建筑事务所“华盖”的业务正大量内迁，而陈植为照顾年迈的父亲只好留守上海，之江大学校长李培恩与陈植家族素有来往，闻讯后便来找陈植。他们知道陈植是宾大建筑系毕业的优等生，且有东北大学的教学经历，是建筑系主任的最好人选。但华盖建筑事务所尚有业务要收尾，陈植脱不开身，只能任兼职教授。虽说只是兼职，但陈植为了之江大学建筑系能在上海顺利开课，一人身兼数职，全心投入，丝毫不亚于一个专职教授。他与建筑系主任（原土木工程系主任）廖慰慈一起制定办学计划、购买教科书及有关教学设备，四方奔走联系教学场地，最终教室设在南京路的慈淑大楼。历经一番紧锣密鼓的筹备工作，建筑系于1938年秋顺利开学，第一批招收19人，课程一年级与土木系基本相同，还安排一些建筑专业课。

之江大学的建筑系师资紧缺，陈植虽是兼职教授，一人同时教好几门课程，有铅笔画、建筑图案、房屋设计课

同济大学城市规划专业第一次毕业设计答辩现场，陈植主持答辩会议

等等。经过一年辛苦办学，建筑系逐步走上正轨。陈植利用自己的人脉多方聘请授课老师，他请来了宾大校友王华彬上木炭画课，还请了麻省理工的建筑硕士罗邦杰、伊利诺伊大学土木工程硕士陈裕华、纽约大学土木工程硕士陈端炳和毕业于哥伦比亚大学的伍子昂，以及法国国立巴黎美术专门学校毕业、曾任中央大学绘图系主任的颜文梁，比利时皇家美术学院毕业的著名画家张充仁来教美术课。

短短几年，之江大学建筑系以其雄厚的师资和正规的教学模式，吸引了越来越多对建筑学求知若渴的青年人报考，至1941年秋季，学生人数已达72人。同年冬季，太平洋战争爆发，日军进入上海租界，这里不再安宁。整个上海笼罩在白色恐怖之下，时局动荡导致正常的教学再度被打乱，授课点换了又换，学生们跟着东躲西藏。为了在战乱中能尽力将教学维系下来，陈植甚至将学生带到家中授课，可见他对学子们的一片丹心。就这样苦熬到了日军战败投降的那一天，学生们最终也都完成了学业。

到了1949年5月，上海和杭州相继解放，之江大学恢复办学。这时校方又想起了创办建

同济大学答辩会上教授们（左二陈植）

筑系的元老陈植，力请他出山，正式出任建筑系主任。在当时那个年代，师资缺乏永远是学校办学的难点，而在陈植的努力下，系里总能请到许多受过欧美高等教育的著名建筑师、工程师助阵。解放后陈植为之江大学请了美国伊利诺伊大学建筑系硕士毕业的汪定曾、法国巴黎建筑专门学院毕业的吴景祥和黄家骅、英国曼彻斯特大学毕业的张有龄、法国巴黎艺术院研究院雷奎元、美国宾夕法尼亚大学毕业的谭垣、比利时皇家美术学院毕业的张克仁和美国麻省理工学院的罗邦杰等担任各专业课教授，建筑系的实力可谓不减当年。

一批海外科班出身的建筑师将国外的一套先进的教学理念和教学方式带到了之江大学，而一味仿照西方无法适应我国的国情。中国的传统文化及其赋予建筑博大精深的内涵更应该通过课堂传授给学子们，想到此，陈植又聘请了通晓中国文学和历史的陈从周开设中国建筑史课程。然而之江大学原教学计划中只设外国建筑史，这增加的一门课属于计划外，也就没了预算经费。人是陈植请来的，而经费又没有，这多少有些尴尬。陈植为了让学生能够接受更加全面而系统的教学，毫不犹豫地从自己的薪俸中划出了兼课老师的薪酬，从而保证了正常授课。

之江大学建筑系自1938年创系，到1952年并入同济大学，风雨14载，在中国现代建筑教育史上留下光辉一页。建筑系师生曾参加浙江土特产展览会岳王庙大门设计、上海人民英雄纪念塔方案竞赛和太原轻丝纺织厂设计，都表现出了高超的专业水平。上海人民英雄纪念塔方案竞赛谭垣、张充仁包揽了第一、第二名。太原轻丝纺织厂公开征求设计图样，之江大学获第一名、清华大学和南京工学院分列第二、第三名。

之江大学建筑系主要借鉴宾大的教学课程设置和建筑设计图房教学方法，重视培养学生的实践能力，毕业学生大都具备很强的从业能力，工作上手快，他们中许多日后成为了新中国第一代建筑师的佼佼者，在祖国各地的设计大院中成为中流砥柱。学生中的方鉴泉成为华东建筑设计院总建筑师，张乾源为华东建筑设计院副总建筑师，赵冠谦为中国建筑设计研究院副总建筑师，黄克武为西北建筑设计院总建筑师，并荣获中国设计大师，田聘耕为西南建筑设计院总建筑师，王季卿为同济大学声学研究所创办人、上海市声学学会理事长，金瓯卜为建工部工业建筑设计院院长……

同济大学建筑系第一次毕业设计答辩会宣布答辩结果，学生起立聆听

1952年全国高校院系大调整，之江大学建筑系、圣约翰大学建筑系、浙江美术学院建筑专业共同归入同济大学建筑系。至此之江大学建筑系结束，而陈植并未离开讲台，他仍到同济大学兼课。在那里，他依旧秉承其一贯严谨的教学风格，在主持毕业生论文答辩会上，认真聆听学生阐述，并与专家、教授们讨论学生的选题、研究等。

陈植自东北大学与建筑教育结缘，多年从事教育事业，桃李满天下，在学生中间留下颇佳的口碑。学生张乾源这样说道："陈老夫子，您是我的恩师，我的前辈；您是万世师表、建筑大师、一代宗匠；您品德高贵，为人厚道，永远铭记在学生们的心中。"学生魏志达回忆："陈植老师是我之江大学建筑系主任，教我们建筑设计课程，他在改作业时常教导我，老老实实吃只'中'，不要去搞不切实际也难实施的创作构思，这句话成了我工作中的'座右铭'。"

陈植是陈从周一直挂念于心的恩师。陈从周时常跟学生们谈起他的这位恩师。同济大学1963年首届研究生路秉杰就曾说道："我的先生陈从周常常感谢陈植老先生的教诲之恩，陈师常说最初钻研中国古建筑的书——《清式营造则例》(梁思成著)就是从陈植先生处借来的。在钻研过程中古怪生僻的古建术语又都是陈老一一解说的。"陈从周一直不能忘记当年陈植拿出自己的薪俸给他作讲课酬金，更无法忘怀陈植在他的学术研究道路上给予的提点与帮助。路秉杰回忆自己在研究生时说："1964年开始论文调查，我又到民用建筑设计院开始研究上海工人住房的发展演变，他（陈植）给我请了一大批新老专家，其中有时任副院长的著名建筑家汪定曾、城市规划专家汪骅、住宅专家朱菊生、擅长文笔的该院秀才贺圣山任我的顾问导师。那时和现在可不相同，'知识私有'那是要批判的。他连钥匙都交给我任我使用。直到'文革'期间，每次相遇我总习惯地以院长称之，他总是不安地说：'叫我陈植好了'。""他还是积极组织参加各种学术活动积极鼓励青年人有所创造有所发现，像上海一些古建筑的发现、保护、修理，对祖国建筑文化的研究开发，都受到他的支持和鼓励、嘉奖，还将相关内容剪下来，整理得规规矩矩、整整齐齐寄给我。对有些名流世家寄给他的宝贵资料或图书，他总是说：'我年纪大了，这些东西对我已经不发挥作用了，给你吧！'像《中国文物报》他几乎每期都按时寄给我，使我很受感动。他处处都体现了一位耄耋之年的仁者、长者对中青年人的殷切期望与关怀，着实可钦可敬。"

回首陈植的教育生涯，从东北大学到之江大学，再到同济大学，在那一方讲台留下了他为教育事业辛勤耕耘的身影，在学生们心中铭刻下他以身立教、为人师表的人生态度。

设计人生

1.创建华盖建筑事务所

赵深

创办华盖建筑事务所可谓陈植建筑设计事业的巅峰，是他人生的一个重大转折点，在“华盖”由一名青年教师转变为执业建筑师。作为华盖的创始人之一，与合作伙伴艰苦创业21载，辛苦经营着国人自己的建筑设计事务所，最终成为中国近代历史上时间最长、影响最广的建筑事务所之一。

早在美国留学时陈植便去那里的建筑事务所实习，好学的他不单是做设计，还留心整个事务所的运作，注意如何与业主打交道，事务所内部如何协调，等等。而后回国，因考虑到教学与实践的结合，与梁思成、童寯、蔡方荫合办建筑事务所，开始了创业之路，然而那毕竟是以教学为主，实践为辅，对于创业而言仅仅是个前奏，很快因为东北时局动荡，事务所解散，他回到了上海。

陈植刚回上海，一时还未找到称心的工作，亦正考虑着自己的人生规划。就在这时，赵深找到了他。其实赵深是陈植宾大的校友，只是比他高三届，因而不曾相识。赵深是个才华非凡的青年建筑师，当年在宾大时，曾参加国内举办的“孙中山陵墓图案竞赛”，初出牛犊不怕虎的他还在竞赛中获得了名誉奖。1927年回国后，在八仙桥青年会筹备处和范文照建筑师事务所工作，在此期间参加上海市政府新厦设计图样应征，经评审，赵深、孙熙明合作的设计方案获得第一名；在南京大戏院（今上海音乐厅）设计中，他又担纲主创，完成了一项建筑全过程设计。

有着这些经历的赵深，带着一股子闯劲儿，于1930年离开范文照事务所，开始了自己的创业之路。然而当时上海滩的建筑设计市场基本被外国建筑师垄断，中国建筑师虽有一腔创业热情，也大都只能在国外的事务所里谋得一席职务。赵深创办事务所后，几乎是在夹缝中求生存，承揽设计业务异常艰难，势单力薄的他初尝了创业的艰难。就在他一筹莫展之时，不知从哪里得知陈植从东北回了上海，正在家中。这对于赵深而言是个莫大的好消息。俗话说一个好汉三个帮，他正力不从心，没个帮手，闻讯后立刻筹谋去拜访陈植。

虽说两人不曾相识，但同样的留学经历将两个陌生人的关系拉近了，好不容易打听到

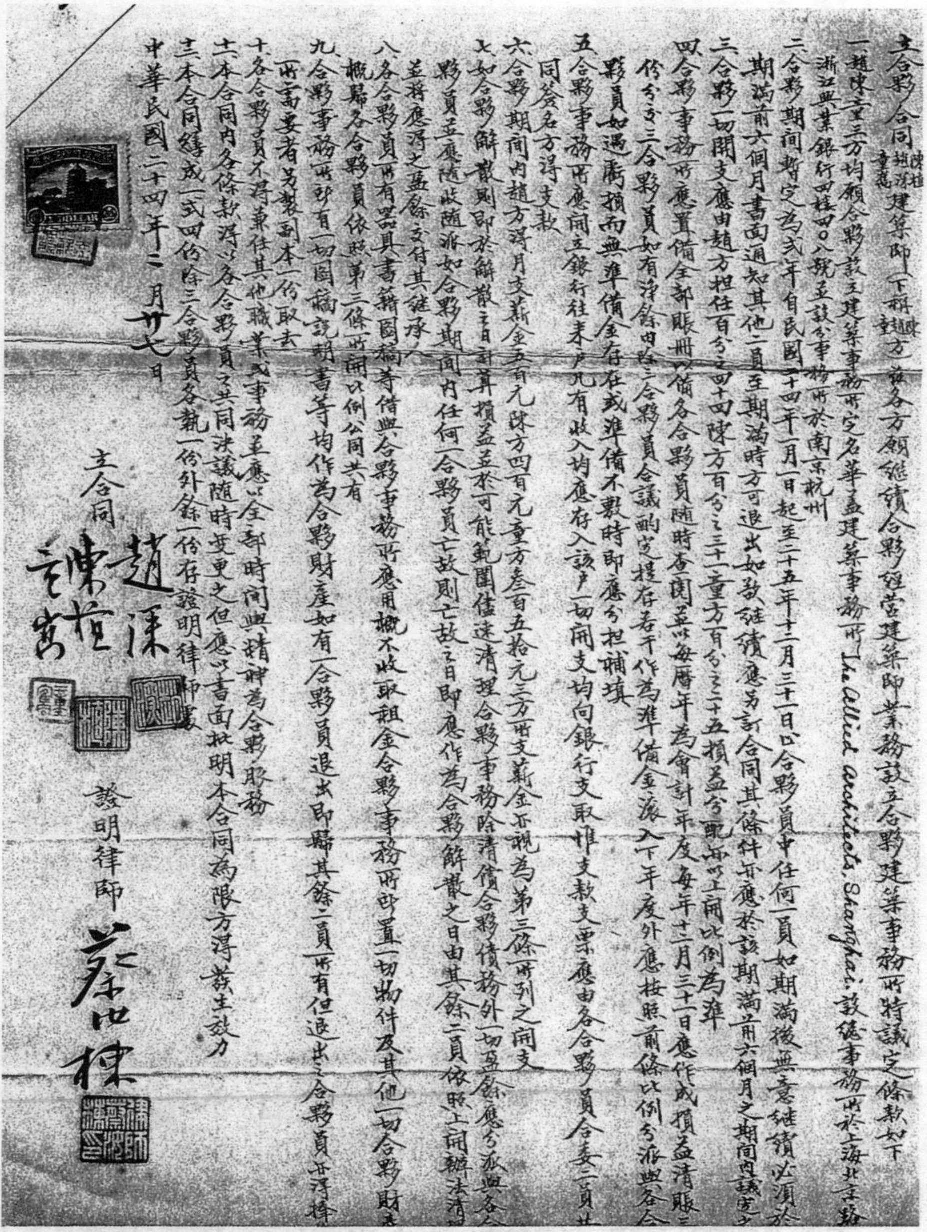

立合夥合同陳植趙深童寯建築師（下稱趙陳童方）茲各方願繼續合夥經營建築師業務設立合夥建築事務所特議定條款如下

一 趙陳童三方均願合夥設立建築事務所定名華蓋建築事務所 The Allied Architects, Shanghai. 該總事務所設於上海北京路浙江興業銀行四樓四〇八號並設分事務所於南京杭州

二 合夥期間暫定為弍年自民國二十四年一月一日起至二十五年十二月三十一日止合夥員中任何一員如期滿後無意繼續必須於期滿前六個月書面通知其他二員至期滿時方可退出如欲繼續應另訂合同其條件亦應於該期滿前六個月之期間內議定之

三 合夥一切開支應由趙方担任百分之四十四陳方百分之三十一童方百分之二十五損益分配亦照上開比例為準

四 合夥事務所應置備全部賬冊以備各合夥員隨時查閱並以每曆年為會計年度每年十二月三十一日應作成損益清賬三份分交三合夥員如有淨餘由該三合夥員會議酌定提存若干作為準備金滾入下年度外應按照前條比例分派與各合夥員如遇虧損而無準備金存在或準備不敷時即應分担補填

五 合夥事務所應開立銀行往來戶凡有收入均應存入該戶一切開支均向銀行支取惟支款支票應由各合夥員合委二員共同簽名方得支款

六 合夥期間內趙方得月支薪金五百元陳方四百元童方叁百五拾元三方所支薪金亦視為第三條所列之開支

七 如合夥解散則即於解散之日計算損益並於可能範圍儘速清理合夥事務除清償合夥債務外一切盈餘應分派與各合夥員並應隨此酌派如合夥期間內任何一合夥員亡故則亡故之日即應作為合夥解散之日由其餘二員依照上開辦法清理並將應得之盈餘分付其繼承人

八 各合夥員所有器具書籍圖稿等借與合夥事務所應用概不收取租金合夥事務所所置一切物件及其他一切合夥財產概歸各合夥員依照第三條所開比例公同共有

九 合夥事務所所有一切圖稿說明書等均作為合夥財產如有一合夥員退出即歸其餘二員所有但退出之合夥員亦得擇其所需要者另製副本一份取去

十 各合夥員不得兼任其他職業或事務並應以全部時間與精神為合夥服務

十一 本合同內各條款得以各合夥員之共同決議隨時變更之但應以書面批明本合同為限方得發生效力

十二 本合同繕成一式四份除三合夥員各執一份外餘一份存證明律師處

中華民國二十四年二月廿七日

立合同 趙深 陳植 童寯

證明律師 蔡六棣

华盖建筑事务所合伙合同原件

陈植、赵深等好友在公园里

了陈植的住所，赵深亲自登门。陈植听了赵深的创业想法，亦是热血沸腾。当时陈植也正计划着如何在上海滩这个充满机会的冒险家乐园里创出一番事业来，恰逢因创业没帮手而百感交集的赵深，两人一见如故。于是一拍即合，立誓共同奋斗，希望中国建筑师自己开设的事务所能够在外强林立的上海滩挣得一席之地。

这两人皆是才华横溢的设计俊才，赵深做方案的能力强，想象丰富且能揣测业主所思所想；陈植设计风格明快简约，常能穿梭于古典式、现代式之间，作品给人以实用、时尚之感。两人通力协作，事务所逐渐有了起色。陈植出身名门，祖父、父亲都是有名的书画家，祖上办过学，当过官，叔父陈敬第（即陈叔通）在浙江兴业银行、商务印书馆担任重要职务，有着广泛的人脉关系。因此靠着这些人脉，事务所揽得不少业务，逐渐积累了宝贵的第一桶金。陈植回忆说："1931年我揽得十层楼的浙江兴业银行（造价100万元），后因'九一八'，改为五层楼，十层部分已收费三万元，赵揽得南京外交部，乃成立赵深、陈植事务所，1931年上述两项工程已在设计。"

上海因为有外国租界的原因，设计业务受时局影响不大，赵陈事务所的业务逐日蓬勃起来，两人成天忙得不亦乐乎。逐渐地陈植和赵深都感到力不从心，希望能再邀贤才加盟。此时，东北时局动荡，童寯不得不带着建筑系最后一批学生流亡到上海，陈植得知童寯到了上海，甚是喜悦，心想事务所的合伙人来了。

挚友童寯

童寯是陈植宾大的同学，比陈植小几届，聪明刻苦，仅用了3年时间就修满6年全部学分，1928年冬获硕士学位，毕业后又是陈植向他推荐去纽约伊莱康事务所学习。陈植对这段经历有过一段回忆：“伯潜（童寯，字伯潜）于1928年冬得建筑硕士后即至费城某建筑事务所工作，时我在纽约路易斯·康（伊莱康）建筑事务所工作，发现康通古识今，有高度艺术修养，擅德、法文，是赖德的崇拜者。次年，我返国前向伯潜建议他去康的事务所。一年之中，他与康的关系非常和谐。”童寯回国后，便与陈植一同在东北大学任教，因此，无论人品还是才干，陈植深知童寯是个不可多得的人才。于是与赵深商量后，向童寯发出邀请。接到邀请，童寯也非常高兴，未曾想颠簸时局下竟也能有一方乐土发挥所长，于是欣然答应。

童寯的到来，使得事务所如虎添翼。宾大三杰齐聚一堂，共同的教育背景让他们有着共同的事业追求与抱负，同时，陈植在此间的穿针引线亦使得三位俊才更容易走到一起。于是，在1933年1月1日刊报公告华盖建筑事务所正式成立。“华盖”两字由知名的社会人士叶恭绰择定，他对三位青年建筑师寄予厚望，择“华盖”两字意寓他们为中华盖楼。华盖建筑事务所地址仍在赵深、陈植建筑事务所原址——宁波路40号上海银行大楼内。

事务所有了新的名字，也有了新人加入，事务所的经营管理也步上了正轨。1935年2月27日，三人对事务所的事务共同盟约立契：“赵陈童三方均愿合伙设计建筑事务所定名华盖建筑事务所”，“合伙一切开支应由赵方担任百分之四十四；陈方百分之三十一；童方百分之二十五，损益分配亦以上开比例为准”，“合伙期间内赵方得月支薪金伍佰元，陈方四百元，童方三百五十元”，“合伙期间暂定为两年，自民国二十三年一月一日起至二十五年十二月三十一日止”，“如欲继续应另订合同，其条件亦应于该期满前六个月之期间内议定之”。

陈植在事务所的多年历练，个性更加沉稳，且更加低调。虽说他的到来是事务所重要的转折点，而童寯的到来也多半因他从中引荐，但他从未曾想过这些，在事务所的得益分配中亦居中间，不多求，不计较。1937年3月3日在续签协议时，三人月薪均为400元，赵深再加100元应酬费。此协议与1935年2月7日第一次协议相比，实际童寯增加了月薪，陈植维持原样。抗战时期，经济萧条，设计业务清淡，直至抗战胜利后仍未恢复，陈植主动提出，他的薪水与童寯一样，这时候三人薪水的比例是4:3:3。

事务所内分工明晰，三人各司其职，又配合默契。赵深负责对外承接设计业务和财务，陈植负责内务，主要是行政人员和业务流程的管理；事务所还沿用了宾大建筑系的图房模式，由颇具学院派的童寯负责，主要从事具体的设计与绘图管理。工作之余，三人不忘训练职员们快速设计与渲染图技法，以提升事务所的设计实力。这由童寯亲自授课，陈植则组织员工观摩，参与点评员工们的作品，在这一教一评中，事务所员工的设计能力大大提升，毫不逊色于专业学校的学习。

陈植敬重赵深，说华盖的发展“因赵老1927～1931年之间所负的声誉而奠定了基础，赢得了信任。没有赵老，华盖的起步是困难的”。陈植敬佩童寯，说童寯“才华卓越，埋头苦干，锲而不舍”，是华盖的主将。三人在创业路上亲如兄弟，互敬互爱，相处融洽。他们21年来从未翻脸，从未争吵，总是齐心协力，这也造就了“华盖”成为中国近代建筑史上开业时间最长的建筑事务所之一。

2.华盖作品誉满中华

华盖建筑事务所风雨经营21载，共承接大大小小的工程项目达200多项，且这200多项皆是以华盖名义承接。他们三人早在合伙人协议上约定，“各合伙成员不得兼任其他职业或事务并应以全部时间与精神为合伙服务”，且均十分自律，所有业务对外均不以个人名义，不接受承包商的任何酬谢和红包。透过这白纸黑字及他们的所作所为，更见得三位合伙人做事分工不分家，团结一致、齐心协力的团队精神，从而才使得“华盖”的品牌效应日增，华盖作品能够誉满中华。

他们三人从不摆老板架子，总是与员工们打成一片，员工们都亲切地称呼他们为“先生”，曾在事务所工作过的老人回忆，“童、陈两位对下属不是师生胜于师生”。对待员工，仿佛对待自己的学生，亦是希望能从自己的事务所中走出一批为中华盖楼的匠才。事务所上下气氛融洽，团队意识强，设计业务也发展迅速。原事务所的办公地点设在北京路的浙江兴业银行四楼408室，随着业务的不断拓展，设计工程遍及南京、无锡、上海、重庆、昆明、贵阳和杭州等地，于是在南京和杭州两地设了分所，员工最多是达30多人，作为专业做建筑设计的事务所，在当时看来，规模算是比较大的。

中國建築

民國廿四年　　第三卷第三期

上海華蓋建築事務所設計

— 1 —

1935年中国建筑月刊专刊华盖设计作品

陈植与赵深建筑事务所在华盖建筑事务所成立前已承接的工程项目有16项：上海恒利银行、大上海大戏院、浙江兴业银行、上海火车站修复、南京国民政府外交部大楼、南京首都饭店、孙科住宅等，这些项目都延续到华盖成立以后，所以大多数仍以华盖名义对外。

在华盖初创阶段，陈植、赵深和童寯不分你我，全力以赴，为事务所的生存及日后发展打下扎实的基础。在南京外交部大楼、大上海大戏院、浙江兴业银行项目中，三人更是铆足了劲儿，通力合作，成就了这三项建筑精品。

南京民国政府外交部大楼最初由基泰工程司设计，设计方案采用中国传统大屋顶，而华盖的设计方案摈弃了“大屋顶”，采用西方古典主义手法，里面三段式构图由基座、

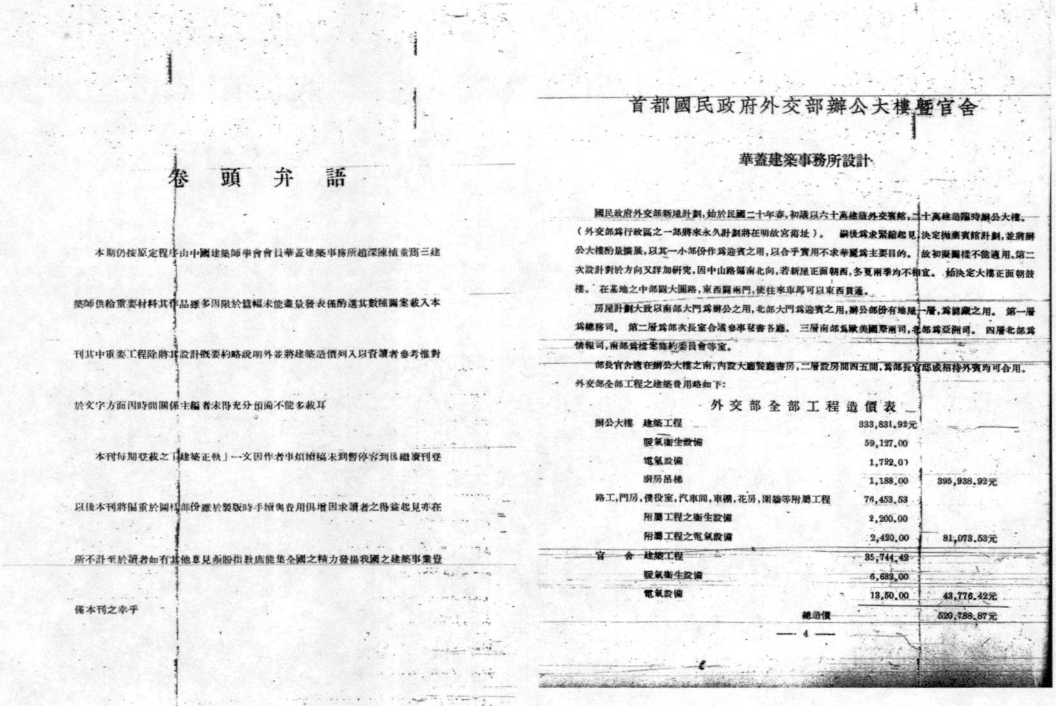

卷　頭　弁　語

本期仍按原定程序由中國建築師學會會員華蓋建築事務所趙深陳植童寯三建築師供給重要材料其作品雖多因限於篇幅未能盡量發表僅酌選其數種圖案載入本刊其中重要工程除將其設計概要約略說明外並將建築造價列入以資讀者參考惟對於文字方面因時間關係主編者未得充分預備不能多載耳

本刊每期登載之「建築正軌」一文因作者事煩擱稿未到暫停容到後繼續刊登以後本刊將偏重於圖樣部份雖於製版時手續與費用俱增因求讀者之得益起見亦在所不計至於讀者如有其他意見亟盼指教庶能集全國之精力發揚我國之建築事業豈僅本刊之幸乎

首都國民政府外交部辦公大樓暨官舍

華蓋建築事務所設計

國民政府外交部新建計劃，始於民國二十年春，初議以六十萬建築外交賓館，二十萬建築臨時辦公大樓。（外交部為行政區之一部將來永久計劃將在明故宮舊址）。　嗣後為求緊縮起見，決定拋棄賓館計劃，並將辦公大樓酌量擴展，以其一小部份作為迎賓之用，以合乎實用不求華麗為主要目的。　故初擬圖樣不能適用，第二次設計對於方向又詳加研究，因中山路偏南北向，若新屋正面朝西，多夏兩季均不相宜。　始決定大樓正面朝鼓樓。　在基地之中部闢大圓路，東西闢兩門，使往來車馬可以東西貫通。

房屋計劃大致以南部大門為辦公之用，北部大門為迎賓之用，辦公部份有地層一層，為儲藏之用。　第一層為總務司。　第二層為部次長室合議參事秘書各廳。　三層南部為歐美國際兩司，北部為亞洲司。　四層北部為情報司，南部為檔案條約委員會等室。

部長官舍適在辦公大樓之南，內設大廳餐廳書房，二層設房間四五間，為部長官邸或招待外賓均可合用。外交部全部工程之建築費用略如下：

外交部全部工程造價表

辦公大樓	建築工程	333,831.92元	
	暖氣衛生設備	59,127.00	
	電氣設備	1,792.0)	
	廚房吊梯	1,188.00	395,938.92元
路工，門房，僕役室，汽車間，車棚，花房，圍牆等附屬工程		76,453.53	
	附屬工程之衛生設備	2,200.00	
	附屬工程之電氣設備	2,420.00	81,073.53元
官　舍	建築工程	35,744.42	
	暖氣衛生設備	6,682.00	
	電氣設備	13,50.00	43,776.42元
	總造價		520,788.87元

— 4 —

《中国建筑月刊》报导华盖建筑事务所设计项目

墙身和檐部组成，屋顶采用西式平顶，檐部用褐色玻璃砖制成的简化斗拱做装饰。时任外交部次长的刘崇杰是陈植叔父陈敬第的邻居和好友，他认为华盖的设计方案更优于基泰方案，宫殿式建筑造价太高，华盖不照搬中国宫殿式建筑做法，不抄袭西方建筑样式，而独创新民族形式，简洁实用又具有中国建筑固有风格。最终外交部青睐华盖方案，1932年9月21日起与华盖多次接触后，华盖简洁又不失庄重的设计理念终于说服了外交部，最终将该项设计任务争取到手。其中，陈植主要负责室内设计，将中国传统建筑室内装饰，如梁枋、天花及藻井上施彩绘油漆，与现代地面装饰水刷石、室内走廊装饰马赛克相融在一起。外交部大楼建成后，1935年8月《中国建筑》第三卷第三期刊登，业内人士好评："该大楼为首都之最合现代化建筑物之一；将吾国固有之建筑美术发挥无遗，且能使其切于实际，而于时代性所需各点无不处处具备，毫无各种不必要之纹饰等，致逊该大楼特具之简洁庄严。"

首都國民政府外交部辦公大樓立視圖
上海華蓋建築事務所設計

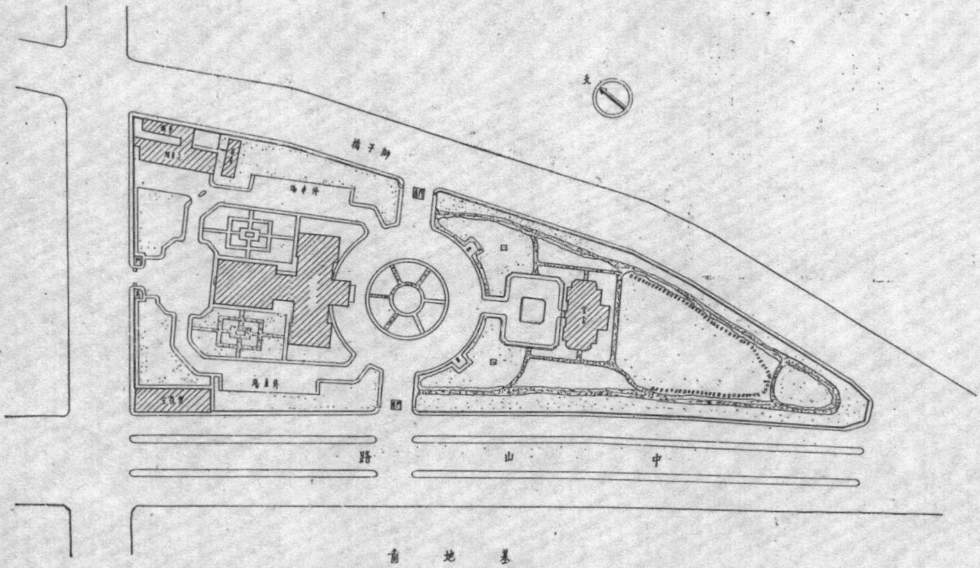

首都國民政府外交部辦公大樓及官舍總基地圖

1953年8月《中国建筑》第三卷第三期刊登的外交部大楼设计

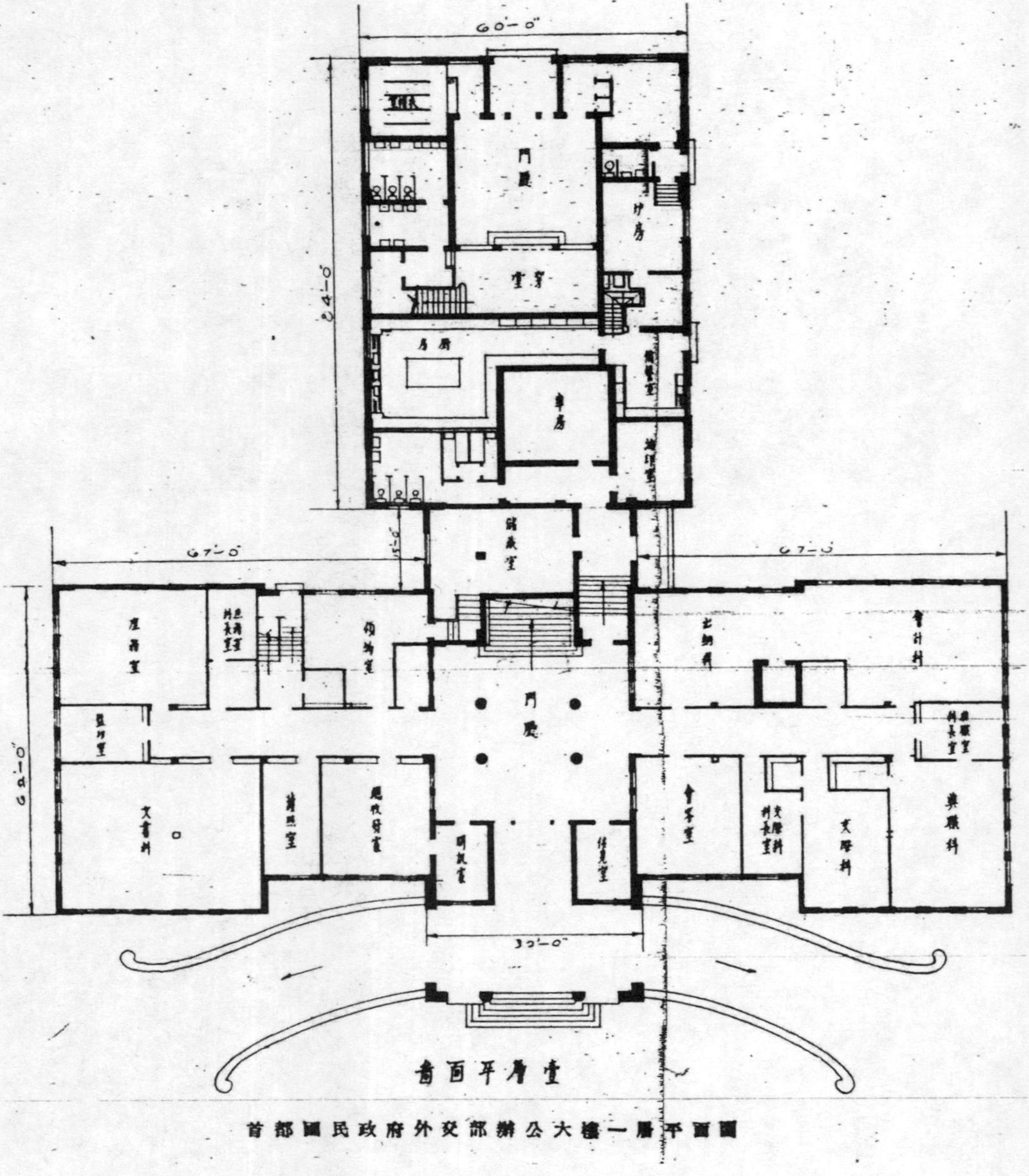

外交部大楼底层平面图

浙江兴业银行效果图

当然，对于当时流行的中国传统“大屋顶”风格，华盖也不是一味摈弃，陈植回忆说：“由于要与原建筑群协调，不得不沿用古典形式。”南京民国政府铁道部购料委员会大楼因原铁道部大楼为中国古典式，为了建筑风格协调，亦采用“大屋顶”形式。南京金城银行别墅，根据周围环境需要，则选择仿中国古典园林建筑风格。

浙江兴业银行是陈植与赵深合作成立赵陈事务所时自带的项目，兴业银行董事长叶景葵曾邀请陈植叔父陈敬第担任兴业银行董事，正因为这层密切关系，陈植揽得了这个大项目。当时上海滩10层以上高楼设计都被外国人包揽，而这个项目原计划建10层，造价预算高达100万元，设计权被中国人拿下，陈植尤为高兴，亦正待大显一番身手。但“九一八”后银行业

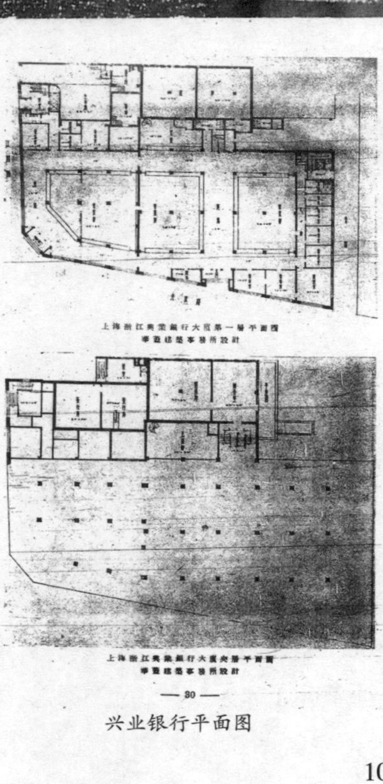

兴业银行平面图

恒利银行效果图

务遭受重创，不得不修改计划，将10层削减为五层，陈植闻讯后即写信给兴业银行："昨日闻贵行建筑变更计划颇为扫兴……植等建议毫无私心之处纯为贵行永久之际而设想。"事后陈植回忆说，"十层部分已收费三万元"，欣慰十层设计方案没有白做。项目开始后，童寯已来到事务所，故而也参加了设计。

兴业银行的立面底部在柱与柱之间突破了过去银行设小窗的陈规，在上海银行建筑中第一次开设大玻璃窗。上部立面采用装饰主义艺术风格，竖向垂直线条，在窗肚墙上做水泥装饰块。这种建筑表现手法在建筑效果图上显示简洁又挺拔。为进一步压缩工程造价，立面设计竭尽朴实无华，仅在屋顶做45°挑出檐口，檐口下装饰方状块。兴业银行大楼比南京外交部大楼在屋檐部分处理得更简洁、抽象。

上海恒利银行与上海兴业银行是同一时期的项目，恒利与兴业的10层方案构思大同小异，追求现代新建筑思潮。大楼建成后，《中国建筑》创刊号上有文章称恒利银行"信见德荷两国最近之作风"，《中国建筑》卷五期上还有文章介绍恒利银行："新厦优越之点，在十足显露德荷两国最近建筑之作风，而屋内外装修，采用天然大理石及古色铜料构成，美丽新颖，殆无伦比，而外部彩色之配合，尤感调和适度，悦目赏心……尤有进者，建筑设计之巧，在立面能表现平面之用途，此则建筑师视为难题而在该行设计上独能解决者也……"恒利银行虽然处在转角地形上，一般追求西方新建筑的项目将转角作为建筑主轴线，建筑高度由主轴线向两边逐减。恒利银行项目不一味模仿，而从平面功能出发，因电梯布置在河南路沿街面中央，所以将电梯机房作为大楼高耸部分，成为立面的主轴线。转角处大门并非因不是立面主轴线而被忽视，相反仍动了一番脑筋，设计凹进门框，跨几个踏步后进入门厅，然后偏45°处设五级台阶进入银行大堂。这样的设计不仅从功能上满足了作为银行建筑的安全和私密要求，且从人的视觉上通过小空间过渡到大空间，

大上海大戏院渲染图

大上海大戲院透視圖　　　　華蓋建築事務所設計

——11——

大上海大戏院实景

使人豁然开朗。恒利银行无论是大处还是小处的设计，皆独具匠心。

大上海大戏院是电影公司老板何挺然在上海南京大戏院后的又一个项目，何挺然对赵深在南京大戏院项目中显示出的才能赏识有加，借此赵深顺利接到了大上海大戏院的设计项目，陈植、童寯共同参与了这个项目的设计。该项目设计时面临着早半年竣工的大光明大戏院，建成的大光明开张后好评如潮，其他戏院仿若都暗淡了许多。欲建的大上海大戏院距离大光明大戏院仅几百米，如何才能不被大光明的光芒遮住，如何脱颖而出，这给陈植等建筑师很大压力。由于基地面积较小，不可能像大光明那样自由展开现代式平面，只能设计进门厅后即在两侧布置观众厅入口，楼座由跑马廊楼梯连通，平面布置十分紧凑。但设计师们在建筑立面和室内装饰上做了大胆探索，主立面以竖线条玻璃空心灯柱装饰，观众厅墙角均采用圆角，与室内曲线灯带相呼应。

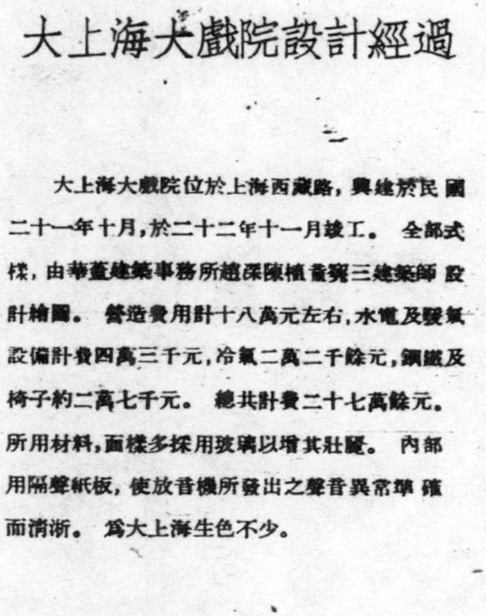
大上海大戲院設計經過

二

大上海大戲院位於上海西藏路，興建於民國二十一年十月，於二十二年十一月竣工。全部式樣，由華蓋建築事務所趙深陳植童寯三建築師設計繪圖。營造費用計十八萬元左右，水電及暖氣設備計費四萬三千元，冷氣二萬二千餘元，鋼鐵及椅子約二萬七千元。總共計費二十七萬餘元。所用材料，面樣多採用玻璃以增其壯麗。內部用隔聲紙板，使放音機所發出之聲音異常準確而清晰。爲大上海生色不少。

《大上海大戏院设计经过》刊在《中国建筑月刊》上

大上海大戏院建成后，《中国建筑》1934年3月号上编者说：“大上海大戏院的外表，可说是一座匠心独运的结晶品。《大上海》几个霓虹管标识，远远的招来了许多主顾，是值得提要的。正门上部几排玻璃管活跃的闪烁着，提起了消沉的心灵，唤起了颓唐的民众。下部用黑色大理石，和白光反射着，尤唯醒目绝伦也。”陈植先生在事隔数十年后，回忆起大上海大戏院仍是很满意地说：“如大上海大戏院里面有八根空心玻璃柱子，内装霓虹灯管，从南京路北望是一大片灯光，效果特好。”熠熠生辉的大上海大戏院，其设计从实际出发并成为成功探索新建筑风格的典范，为中国建筑史又增添了一抹亮色。

上海沦陷期间，经济萧条，华盖业务大幅削减。面对困境，三人筹措商议着应对之策，最终商定赵深赴昆明开拓市场，童寯去贵阳和重庆开辟天地，凡事以孝为先的陈植考虑到照顾年迈的父母，选择留守上海。在上海的日子里，民建工程日渐稀少，事务所的生计也越来越困难，但就在这种情形之下，陈植坚决不接敌伪工程，只靠在之江大学做兼职

湖南路金叔花园住宅透视图

教授的有限薪俸养家度日。后来，在租界内陆续承接了上海合众图书馆、兆丰别墅、金叔初住宅（湖南路20弄12、14、16号，1940年设计）等设计项目，这才缓解了些许境况。

上海合众图书馆采用三合院的平面布局，既有利于图书馆采光和通风又适应转角地形，转角处大门内设半个正八角形内厅，左边进楼梯厅，右边进底层图书馆各室。由于在日军占领上海时期，为了保护珍贵图书，设计注重功能，立面十分简洁，仅在坡屋面檐口挑出，虽然是现代建筑与周围花园洋房相协调，但审视整个建筑立面又神似大屋顶中国传统建筑，手法更显高超与成熟。

合众图书馆

正在建造中的浙江第一商业银行

抗战胜利后，华盖又在南京设立分所，然业务量仍不饱满，事务所运作艰难，好在1947年陈植揽到了上海浙江第一商业银行大项目。这个项目，陈植曾回忆：“我于1947～1950年专负责浙江第一商业银行，全部图纸即由我负责。”此项目原先由美国建筑师汤普森设计，基础已打桩，受结构的限制已无很大的建筑创作空间。接下项目后，陈植灵活地将平面划为两大空间，底层和二层为银行大空间，沿汉口路一侧为小空间，在此布置门厅、楼梯间和电梯间。银行客户由江西中路主入口大门进大堂，银行职员及上层办公部分员工全部由汉口路进出，避免银行客户与办公楼员工的人流交错。银行大楼立面基座贴石面

合记公寓透视图

西 藏 路 公 寓 透 視 圖

華蓋建築事務所設計

西藏路公寓(大陆饭店)透视图

建成后的上海合记公寓

砖，上层贴褐色面砖并作横线条处理，在汉口路入口作竖线条处理，这种处理手法使建筑独具现代感。

1945年10月25日台湾光复。光复后的台湾百废待兴，重建工作十分紧迫，大陆的教育、文化、科研、工业和商业等部门开始投资台湾复兴经济。华盖建筑事务所为了进一步扩大业务，瞅准了这千载难逢的机会，也将业务触角伸到了宝岛。1948年，赵深与陈植到台北设立华盖建筑事务所台北分所。

战后国民政府接收在台湾各新式制糖会社，并于1946年5月合并改组成立台湾糖业有限公司。上海地区糖商供应和市民食糖配售也由该公司提供，后来利用台湾丰富的甘蔗资源发展成为大型糖业企业。华盖则有幸承接了该公司大楼的设计任务，并由陈植主要负责。事务所的光景也渐渐好了起来，业务开始复苏。

在事务所的那段日子里，陈植不仅专注于设计一幢幢现代化的大楼，既美观又实用，同时他认为一名建筑师不仅要设计传世的优秀建筑，还要为修缮和保护尚存的历史建筑竭尽全力。最近在搜索有关史料时发现一段过去不知晓的史料："新华社上海（1949年8月）26日讯，上海军管会及市政府已拨出巨款修建上海市香山路7号孙中山先生故居。沪军管会及人民政府在上月征得孙夫人宋庆龄之同意后，当即聘请本市有名的华盖建筑事务所陈植建筑师精密设计，随由陆福顺营造厂承包全部工程，修建工程已于八月十九日开始，预计三个月内完成。"上海孙中山先生故居至今保存完好，是全国重点文物保护单位，每年接待海内外华人前来参观，学习中山先生爱国精神，陈植作为建筑师也作出了贡献。

1952年，由陈植与赵深、童寯三个志同道合的青年建筑师创办的华盖建筑事务所宣告解散，其业务也并入了由赵深、陈植等人发起的联合顾问建筑师工程师事务所。

回顾多年来华盖的设计作品，陈植在1994年对童寯弟子方拥说："华盖作品评价要别人来作，不能由我们独评。可以说华盖创作突破了中国古典形式（例如外交部、中山文化教育馆），一般比较简洁、朴实、格调严谨、比例壮健、线条挺拔、笔法简洁、色彩清淡、不务华丽、不尚修饰、强调功能，结合环境，力求具有民族风貌与特征，避免搬弄古典形式。”

在华盖的21年中，初出茅庐的陈植，起初的设计还略显青涩，随着事务所的业务不断发展，经手项目日渐增多，其羽翼逐渐丰满，经验不断积累，最终成为驰骋上海滩的著名建筑师。

忆往昔，陈植自豪地说：“像华盖直接与外国建筑师斗争的事务所恐是独一无二。”浙江兴业银行原与英商通和洋行签了设计协议，浙江第一商业银行原请美国建筑师汤普森设计，而业主最终不惜损失取消协议选择华盖，这是华盖在与外国建筑师的竞争中获胜的实例。华盖杰出的表现，在外国势力强大的上海滩设计行当中树立的良好声誉，打造了一块国人骄傲的中华设计品牌。

3.参加华东建筑设计公司

1949年，国民党军队节节败退，陈植的岳父董显光是当时国民政府行政院政务委员兼新闻局长，其间随国民政府撤回台湾，担任中国广播公司总经理兼《中央日报》董事长。那时台湾糖业公司大楼的业务正在收尾阶段，陈植还时常来往沪台两地。大陆临近解放，从某种程度上说时局尚不明朗，董显光多次劝陈植夫妇带着孩子一起去台湾。陈植对国民政府失望至极，执意不肯赴台，且在1948年与赵深去结束了台湾糖业公司项目后，回到大陆，迎接解放。

战后的祖国满目苍夷，各地面临重建，工程建设项目接连不断，而且规模大，原有小型建筑设计事务所规模小，工种单一，已无法适应经济建设需要。于是陈植与赵深等人商量，联合沪、宁、杭三地五家建筑师事务所创办联合顾问建筑师工程师事务所，由战象钟、许照、童寯、奚福泉、蔡显裕、罗邦杰、赵深、陈植、黄家骅、刘光华、冯宝玲、杨锡镠、黄元吉、哈雄文等人组成。1951年2月3日这些志同道合的建筑师、土木工程师和机电工程师签署了合办人契约，开宗明旨：“为改进建筑事业发展、建筑技术，本所同仁以自由职业地位各尽专长，集体服务社会、协助国家建设。”业务范围面向华北、西北和东北，并规定各合办人应遵守信条：（一）不损害国家利益；（二）不违背职业规章；（三）

不破坏合作精神；（四）不妨碍集体行动；（五）不诋毁同仁名誉；（六）不推辞应尽责任；（七）不谋个人名利；（八）不企图学术自私。这是从自由执业的私人建筑事务所向合作化建筑事务所的转变，每位建筑师、工程师的集体利益观念有了很大提升，并出于对建设祖国的急切心情，皆不求功名利禄，只为修复祖国遭到的创伤。他们以满腔的热情投入新中国的建设事业中，甚至不远万里赴新疆设计石河子纺织厂，为石河子地区做城市规划，到山西榆次设计经纬纺织厂。

不多久陈植以前在之江大学建筑系的学生金瓯卜找上门来，久未谋面，陈植只觉得这位青年几分眼熟，却又一时想不起那里见过。待金瓯卜报上名来时，陈植方才恍然想起。见昔日学生来访，他既高兴又激动，关切地问："毕业后去了哪里？……现在哪里做事？"金瓯卜答道："先生，我现在上海军管会工作……"原来金瓯卜在1938年参加了中国共产党，在抗日战争时期是上海地下党学生运动的重要负责人之一，新中国成立后他任上海市军管会工商局辅导处处长。得知学生如今事业有成，满腔抱负，颇感欣慰。"今日找我何事呢？"陈植问，金瓯卜笑着说："我今天是奉命而来。"陈植惊讶："有什么事是我可以做的吗？"金瓯卜道："先生，我这次来是与您商量组建国营设计公司的……"金瓯卜将计划和盘托出，希望能得到老师的支持。果然，陈植爽朗地答应："好呀，这我要报名参加，我也想为国家做点事啊。"就这样，全国第一家国营设计公司便酝酿而生，金瓯卜任华东建筑设计公司经理，陈植任总建筑师。1952年7月1日联合事务所的同仁罗邦杰、赵深、蔡显裕、许照等也都纷纷加入华东建筑设计公司，精兵强将齐聚一堂，大大增强了国营设计公司的业务实力。

到了国营设计公司，成为国家干部，这不同于往昔的私人执业，薪水自是不能与当初事务所同日而语。于是领导上考虑给事务所来的这批骨干们另发津贴，陈植坚决谢绝了。

1953年9月，陈植有幸参加了由贺龙担任团长的第三批赴朝鲜慰问中国人民志愿军代表团，与梅兰芳等各界著名人士赴朝慰问。慰问团带去了全国人民捐献的慰问金、慰问品和慰问信，到阵地前沿慰问那些不畏艰险浴血奋战、抗美援朝保家卫国的战士们。跨过鸭绿江，代表团在朝鲜新义州下车。眼前是一片敌机轰炸后留下的焦土，断壁残垣，城镇车站、桥梁都被炸毁了。陈植震惊之余，亦是悲痛万分，美丽的家园在战争中毁于一旦。到了乐元机器厂慰问时，看到在仅剩下残壁的厂房里，许多妇女在丈夫遗留下来的机器前忍痛坚持生产，他从英雄的人民身上感受到无比的力量。在去上甘岭途中，战士们在开山修路，看到慰问团的到来，都来迎接祖国的亲人，陈植摸着一个战士伤痕累累的手激动地说："你们辛苦了，感谢你们。"慰问团告别了志愿军回到一江之隔的丹东，半年多赴朝慰问经历，所见所闻对陈植来说刻骨铭心，这时他的报国之心比1929年学成回国时更强烈更迫切，热爱祖国、建设祖国的热情亦更加高涨。

陈植在华东建筑设计公司工作期间，公司接到中苏合作设计的上海中苏友好大厦项目。这个项目是中央决定在1955年3月在上海举办"苏联经济及文化建设成就展"的新建展馆，目的是为了介绍世界上第一个社会主义国家苏联的辉煌成就，学习苏联经验，列入苏联政府对中国的援建项目。任务重，时间紧，在陈毅市长协调下，潘汉年副市长亲任"中苏友好大厦建管委员会"主任。

陈植访朝回国时，上海中苏友好大厦工程项目已在进行前期工作。陈植以华东建筑设计公司总建筑师身份作为中方专家组组长，成员还有结构总工程师蔡显裕、设备总工程师赵忠邃。苏联方面派出苏联中央设计院B·C·安德烈耶夫建筑师和他夫人凯斯洛娃建筑师，以及结构工程师郭赫曼组成苏方专家组，他们都曾是斯大林奖金获得者。中苏两国专家合作一起选址、草拟方案图。

1954年4月10日，苏联专家郭赫曼到上海铜仁路哈同花园实地考察，陈植等中方专家陪同前往。这里是哈同花园旧址，虽然在哈同和夫人罗迦陵死后，被日本人占领破坏，已经废圮，但面积大，地理位置好，非常适宜建造大型展览馆。当晚，上海市领导设宴招待郭赫曼一行，几杯酒过后，谈得兴起，他竟然放话说中苏友好大厦5月1日开工，不明真相的来宾一听都热烈鼓掌。第二天《解放日报》头版新闻刊出这条消息，在场的领导和专家们都惊讶了，酒后一句狂言，怎就这样公布天下了。懂行的都知道目前方案尚未定，图纸一张也没出，到时如何开工呀！第二天郭赫曼酒醒后也知闯了大祸，事关重大，已骑虎难下。他急忙给北京的安德烈耶夫建筑师打电话求救。安德烈耶夫说："报纸已刊登了，中国政府和苏联政府以及全世界都知道了！我们现在只能靠集体努力，千方百计拼命也要在这天开工。"当时距离5月1日仅剩19天。

为了这一句"承诺"，陈植、汪定曾、方鉴泉、蔡显裕带着一批建筑师、工程师赶紧前往北京与安德烈耶夫等苏联专家一起开始方案设计。安德烈耶夫最初画了个中国宝塔形草图方案，陈植认为不妥，否定了。而时间紧迫，已由不得再三讨论，于是大家集体建议明确目标，分解任务。先根据展览馆功能设计平面图，然后分拆成中央大厅、东翼、

陈植画的上海中苏友好大厦渲染图

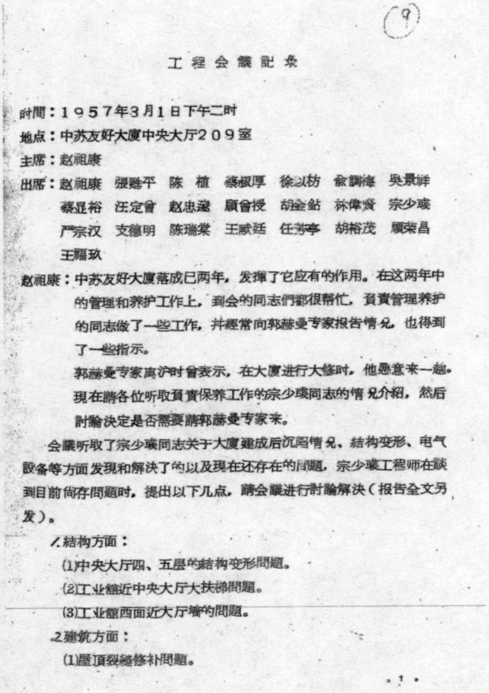

工程会議記录

時間：1957年3月1日下午二时

地点：中苏友好大廈中央大厅209室

主席：赵祖康

出席：赵祖康 張雖平 陈 植 蔡叔厚 徐以枋 俞調梅 吳景祥 蔡显裕 汪定曾 赵忠邃 顧會授 胡金鈷 林偉賢 宗少彧 严宗汉 支德明 陈瑞棠 王獻廷 任芳亭 胡裕茂 顧荣昌 王福玖

赵祖康：中苏友好大廈落成已两年，发揮了它应有的作用。在这两年中的管理和养护工作上，到会的同志們都很帮忙，負責管理养护的同志做了一些工作，并經常向郭赫曼专家报告情况，也得到了一些指示。

郭赫曼专家离沪时曾表示，在大廈进行大修时，他愿意来一趟。現在請各位听取負責保养工作的宗少彧同志的情况介紹，然后討論决定是否需要請郭赫曼专家来。

会議听取了宗少彧同志关于大廈建成后沉陷情况、結构变形、电气設备等方面发現和解决了的以及現在还存在的問題，宗少彧工程师在談到目前尚存問題时，提出以下几点，請会議进行討論解决（报告全文另发）。

1.結构方面：

(1)中央大厅四、五层的結构变形問題。

(2)工业館近中央大厅大扶梯問題。

(3)工业館西面近大厅墙的問題。

2.建筑方面：

(1)屋頂裂縫修补問題。

· 1 ·

1957年中苏友好大厦工程会议纪要

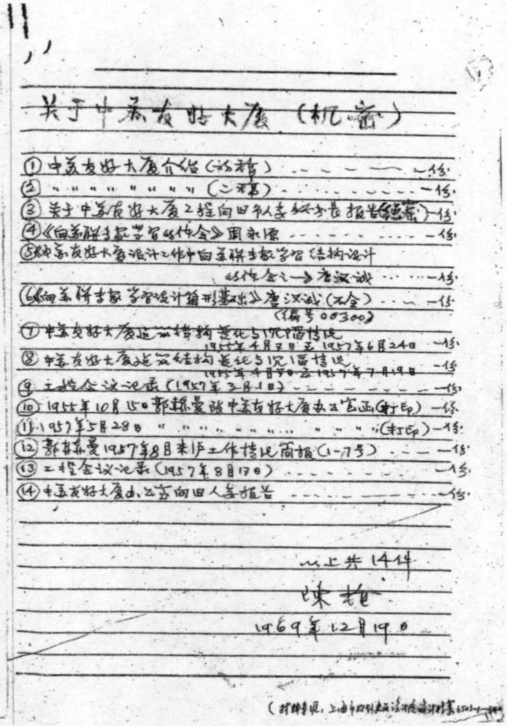

关于中苏友好大厦（机密）

①中苏友好大厦介绍（初稿）……一份

②〃〃〃〃〃〃〃〃（二稿）……一份

③关于中苏友好大厦工程向田市人委秘书长报告（绝密）一份

④《向苏联专家学习的体会》周永源……一份

⑤《中苏友好大厦设计工作中向苏联专家学习结构设计的体会之一》唐汉诚……一份

⑥《向苏联专家学习设计箱形基础》唐汉诚（不全）……一份（编号00300）

⑦中苏友好大厦运动结构变化与沉陷情况 1955年4月3日至1957年6月24日 一份

⑧中苏友好大厦建筑结构变化与沉陷情况 1955年4月3日至1957年7月19日 一份

⑨工程会议记录（1957年3月1日）……一份

⑩1955年10月15日郭赫曼谈中苏友好大厦安全意见（打印）一份

⑪1957年5月28日〃〃〃〃〃〃〃〃（打印）一份

⑫郭赫曼1957年8月来沪工作情况简报（1-7号）……一份

⑬工程会议记录（1957年8月17日）……一份

⑭中苏友好大厦办公室向田人委报告……一份

以上共14件

陈植

1969年12月19日

陈植整理中苏好友大厦材料目录

西翼、工业馆和电影馆五大部分，各人再负责画出百分之一比例的平面图、立面图、剖面图。任务明确后，大家日夜奋战，通宵达旦，陈植仍与大家坚守在一起，不断讨论方案，研究利弊，每日都到深夜才睡。大伙见到他眼睛都熬红了，心中不忍，劝其早些休息，陈植却不以为然，性子中的幽默劲儿让他还时不时地说些笑话，逗乐大家，也缓释大伙连夜奋战、紧绷的神经。经过七天日夜奋战，中苏友好大厦百分之一比例的设计方案图奇终于迹般呈现在大家面前。

上海市领导听取了设计方案汇报后，当即批准，设计人员立即进行中央大厅和东西两翼部分的基础设计，4月28日基础定位图交给施工单位，5月1日工程按时开工。上海中苏友好大厦占地面积2.5万平方米，建筑面积54 108平方米，规模之大在当时前所未有，工期如此紧，亦史无前例。幸好陈植桃李天下，昔日培养的学生，遇到这千年一遇的大工程都踊跃上阵显身手。陈植找来之江大学建筑系毕业的张乾源、林俊煌、田聘耕、李莲霞等，让他们

上海「中蘇友好大厦」建築工程開工典禮

共同参与中苏友好大厦设计，实践证明了这支队伍的战斗力。经过十个月边设计边施工，克服了种种困难，1955年3月初大厦按时完工。3月15日，大厦前红旗招展，人头攒动，“苏联经济及文化建设成就展”预展当天，安德烈耶夫在中央大厅顶部咖啡厅请来陈植等全体设计人员喝咖啡，他十分激动和兴奋地说：“我由衷地对中国的知识分子和工人表示敬佩，像这样伟大的建筑，只用十个月时间建成是一个奇迹。”

在中苏友好大厦这项工程中，陈植所表现出的超强的专业能力、协调组织能力、掌控全局的能力不得不让人佩服，他的认真、负责、一丝不苟的敬业精神让人敬佩。而今具有俄罗斯古典风格、气势雄伟的中苏友好大厦，在广场花园和喷水池衬托下显得端庄而美丽，建成后成为上海著名的人文景点，被评为1949～1999年的上海十佳建筑，以及建国50周年十大金奖经典建筑之一。

建筑工地

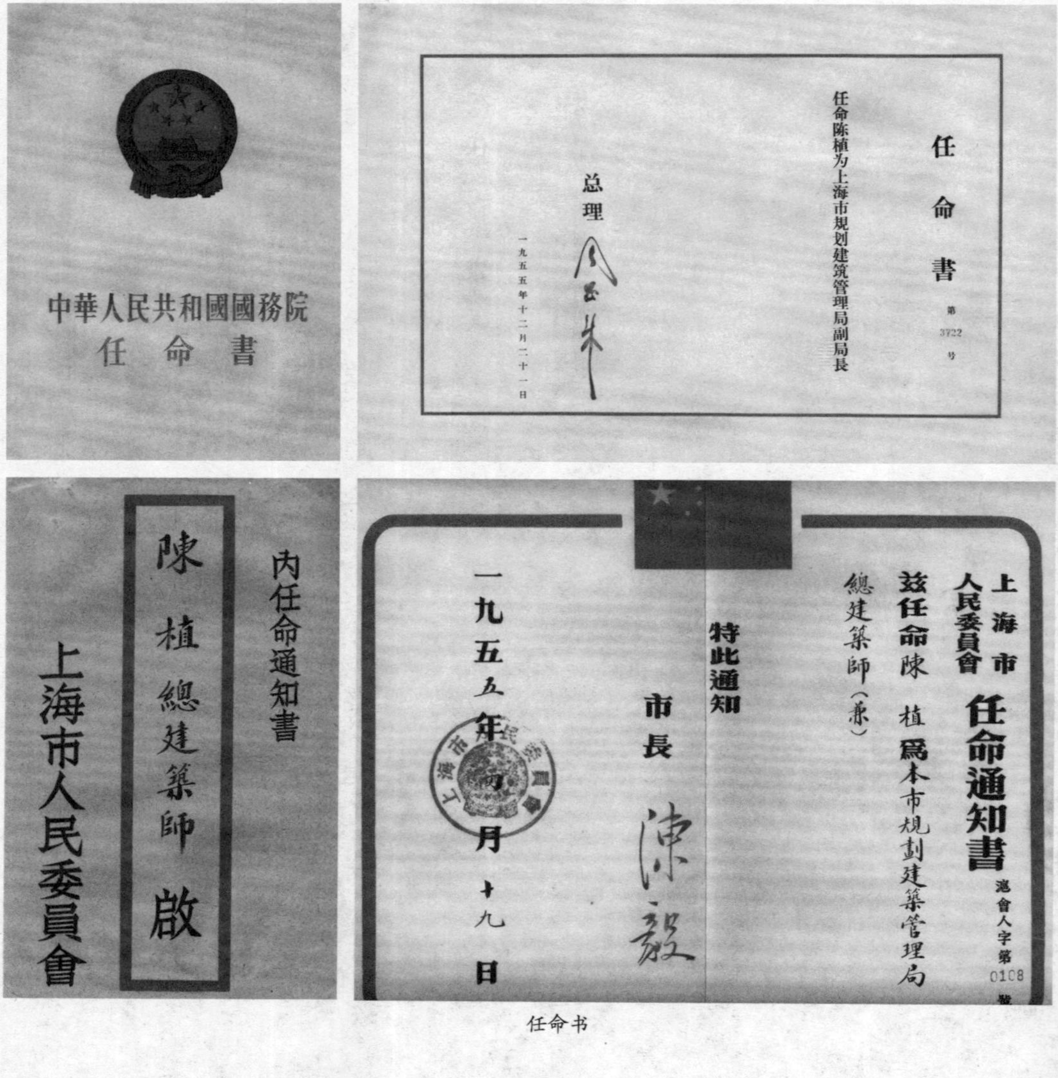
中華人民共和國國務院
任命書

任命書
第3722号
任命陈植为上海市规划建筑管理局副局長
总理
一九五五年十二月二十一日

上海市人民委員會
陳植總建築師 啟
內任命通知書

上海市人民委員會
任命通知書
滬會人字第0108號
茲任命陳植為本市規劃建築管理局總建築師（兼）
特此通知
市長 陳毅
一九五五年五月十九日

任命书

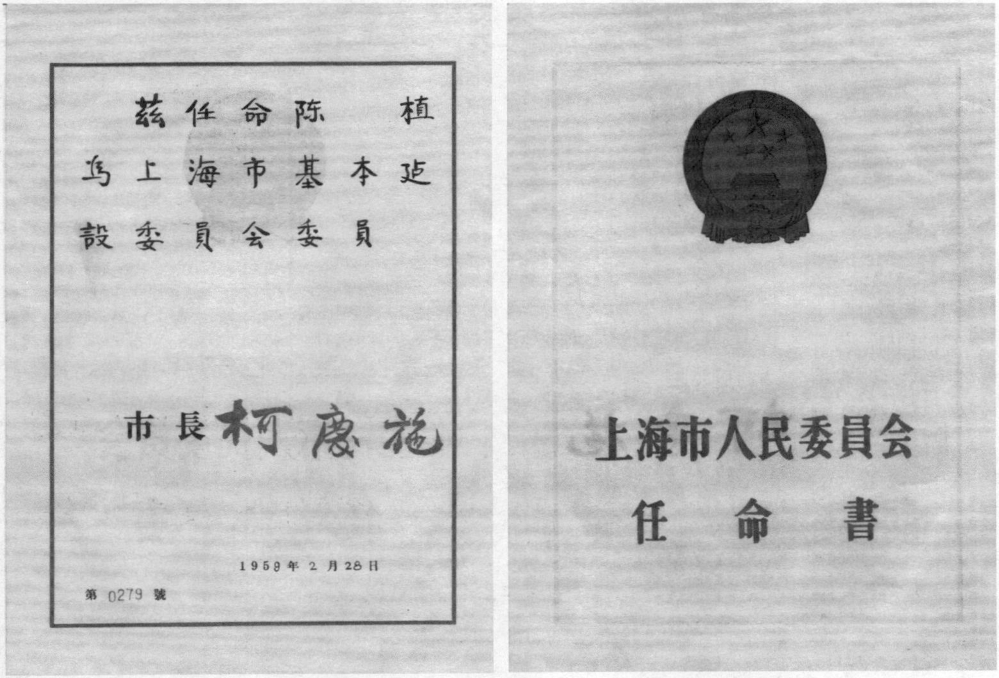

兹任命陈植
為上海市基本建
設委員会委員

市長 柯慶施

1959年2月28日

第0279號

上海市人民委員会
任命書

任命书

4.上海民用院当院长

陈植自1957年任上海民用建筑设计院院长兼总建筑师，直至1982年，历时25个春秋。而今民用院已与华东院合并成立上海现代建筑设计集团，但集团里的老同事及后辈建筑师中仍流传着老院长的故事，他当年负责、指导的一些工程仍是后辈们学习的典范，如鲁迅墓及鲁迅纪念馆、“两街一弄”、锦江小礼堂等。

老同事副院长汪定曾

任民用院院长前陈植接手了一项重大工程——鲁迅墓地和纪念馆，此项工程市里非常重视，一直延续到陈植来民用院期间。那是1956年，鲁迅先生逝世20周年，中央决定适时将鲁迅先生墓地从万国公墓迁出，选择在虹口公园建造鲁迅墓地和纪念馆，那里靠近鲁迅先生在上海的寓所，且其生前

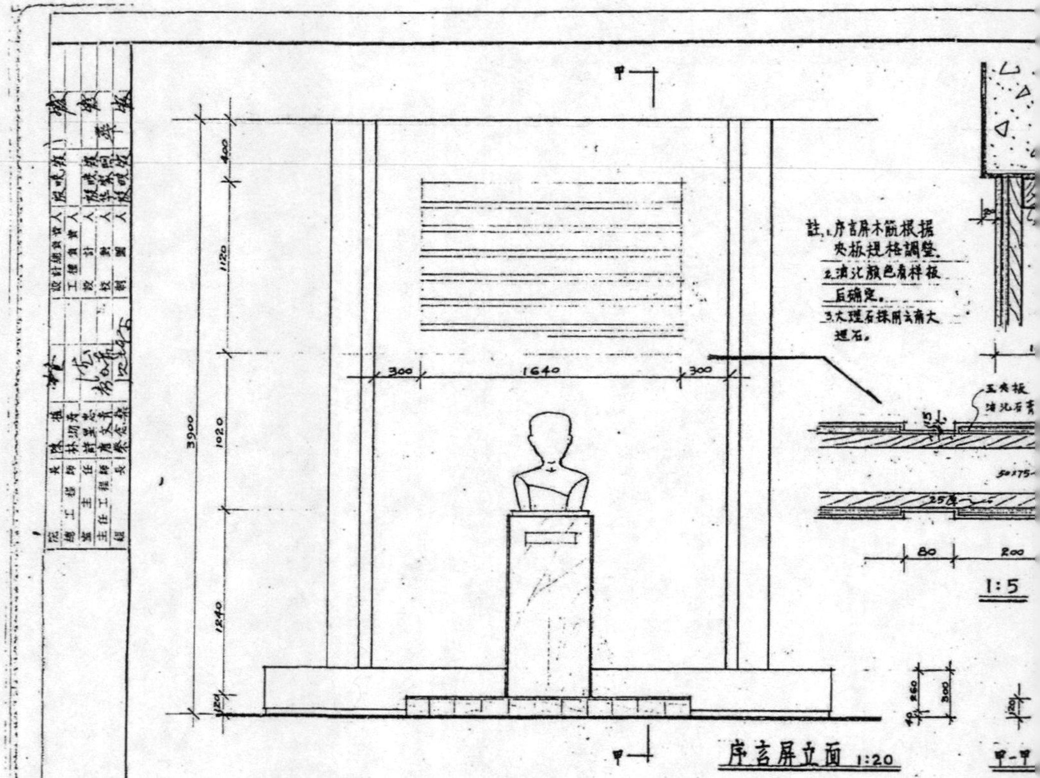
註:1.序言屏木筋根据
夹板规格調整。
2.油汃颜色看样板
后确定。
3.大理石採用意大利
理石。
序言屏立面 1:20
序言屏平面 1:20
3900
1640
300
2240
2800
1800
900
3600
1:5

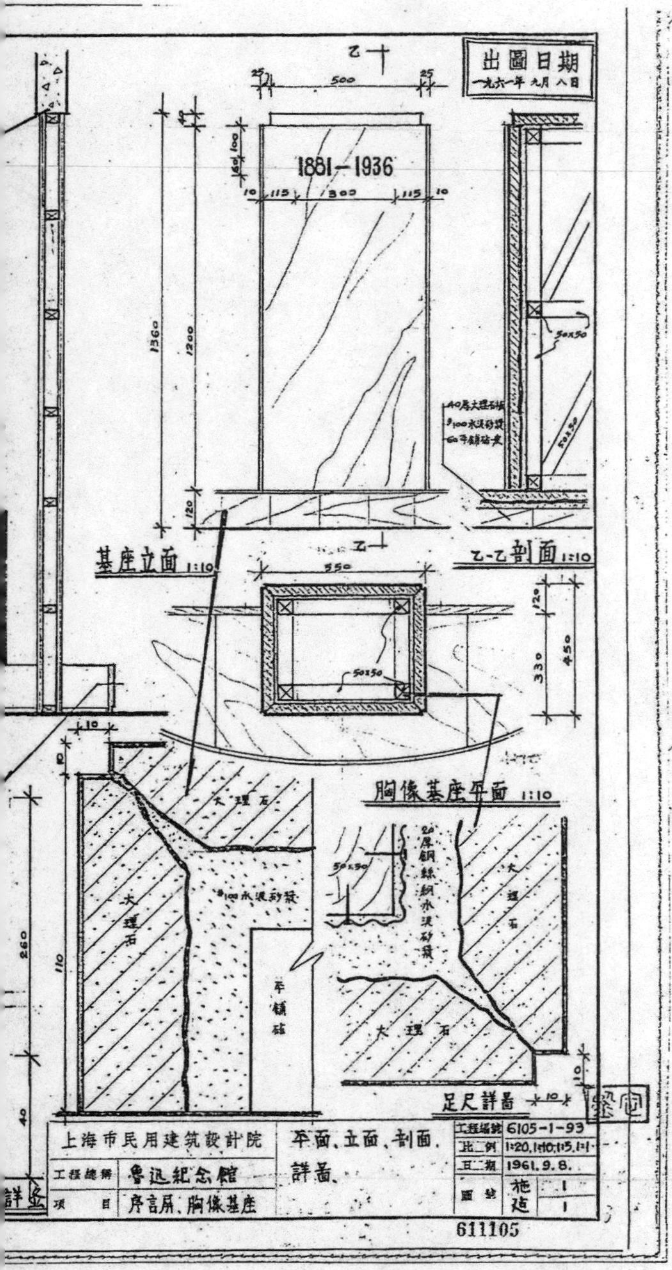

鲁迅纪念馆设计图纸

经常去那里散步。作为新中国第一个以人名命名的纪念馆，该工程被列为重大工程，上海市成立了陈毅市长为主任委员会的鲁迅先生坟墓迁建委员会。同年6月，市里请了一些设计专家做方案。那时陈植在上海市规划建筑管理局任副局长兼总建筑师，汪定曾调到规划建筑管理局当副总建筑师，在同一间办公室里办公，两人合作为项目做了一个方案。其间同济大学谭垣等也做了几个方案，由上海市文化局方行局长将方案送北京审查，最后采纳了陈植和汪定曾的设计方案。于是，陈植负责鲁迅墓地设计，汪定曾负责鲁迅纪念馆设计，施工图则由上海市民用建筑设计院实施。

陈植回忆鲁迅墓地和纪念馆的设计构思时这样谈道：“途入东江湾路的公园正门，向右信步北进，在东侧之路的尽端，坐落一幢明快、雅致、粗犷的江南民居建筑——鲁迅纪念馆。由侧面而入，已在创造一个朴实寂静的气氛。馆的南面草坪亦反映着同一基调。纪念馆内陈列着鲁

鲁迅墓

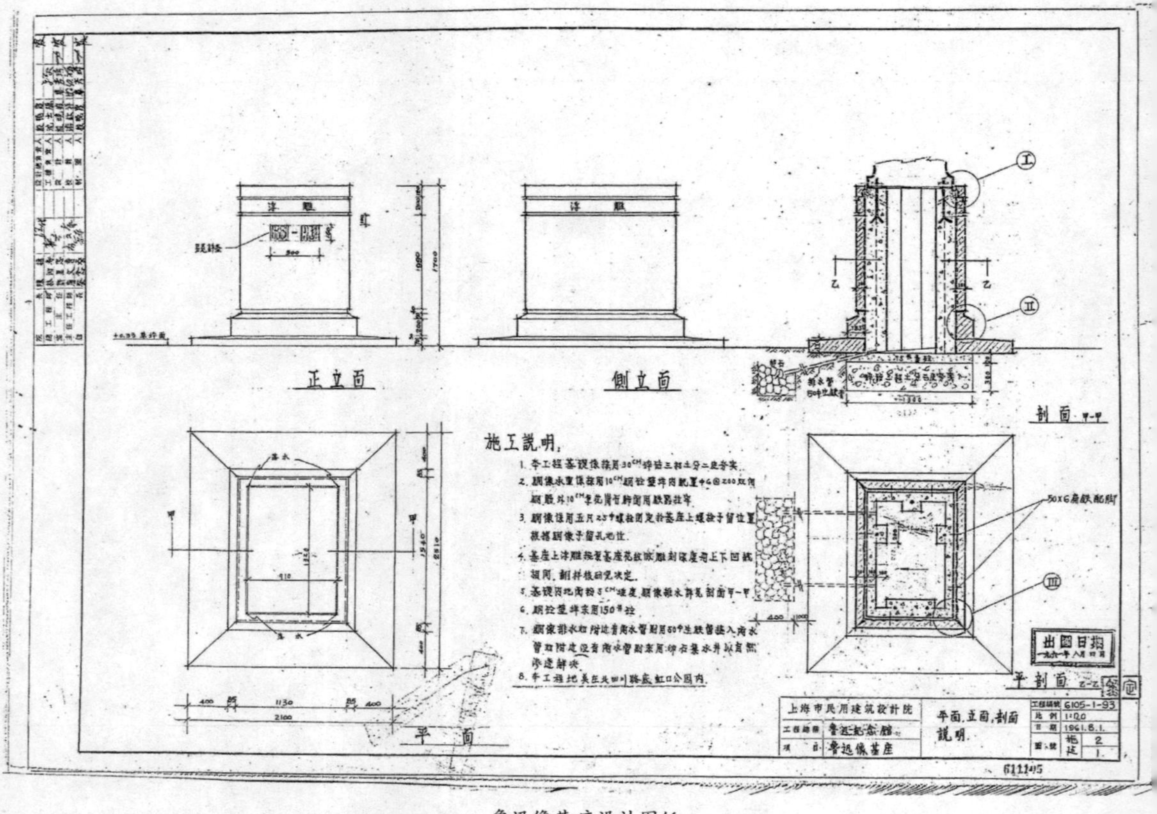

鲁迅像基座设计图纸

迅的生活用品，他那刺向敌人的‘刀笔剑墨’，鲁迅的浩瀚著作，鲁迅研究的大量资料和文献，使观众深刻地领会到鲁迅披荆斩棘的战斗意志，单身恋战的英雄气概，从而激起对他的热爱和崇敬，为瞻仰鲁迅墓在心灵中揭开了序幕。”关于鲁迅墓地，他的设计构思是这样的：“鲁迅墓位于园地北段居中面南，由馆北行，透过西北向常青树叶的空隙中，墓园似隐似现，左转西行豁然至北首现肖传玖教授所塑的鲁迅像屹立在宽阔的草坪广场上。总体规划中这一先抑后扬的手法显得含蓄。在墓的设计中，我摈弃了我国传统的阴沉郁闷的格式，代之以园中有墓，墓中有园的布局，相映成趣，爽朗明静。由广场拾级而上，引入一横向平台，可容纳二百余人谒墓，亦为儿童嬉戏创造了条件。鲁迅最爱儿童，他说‘孩子们是我们的未来’。平台两侧筑有花廊，春有紫藤，夏有凌霄，廊内设座椅，供游客

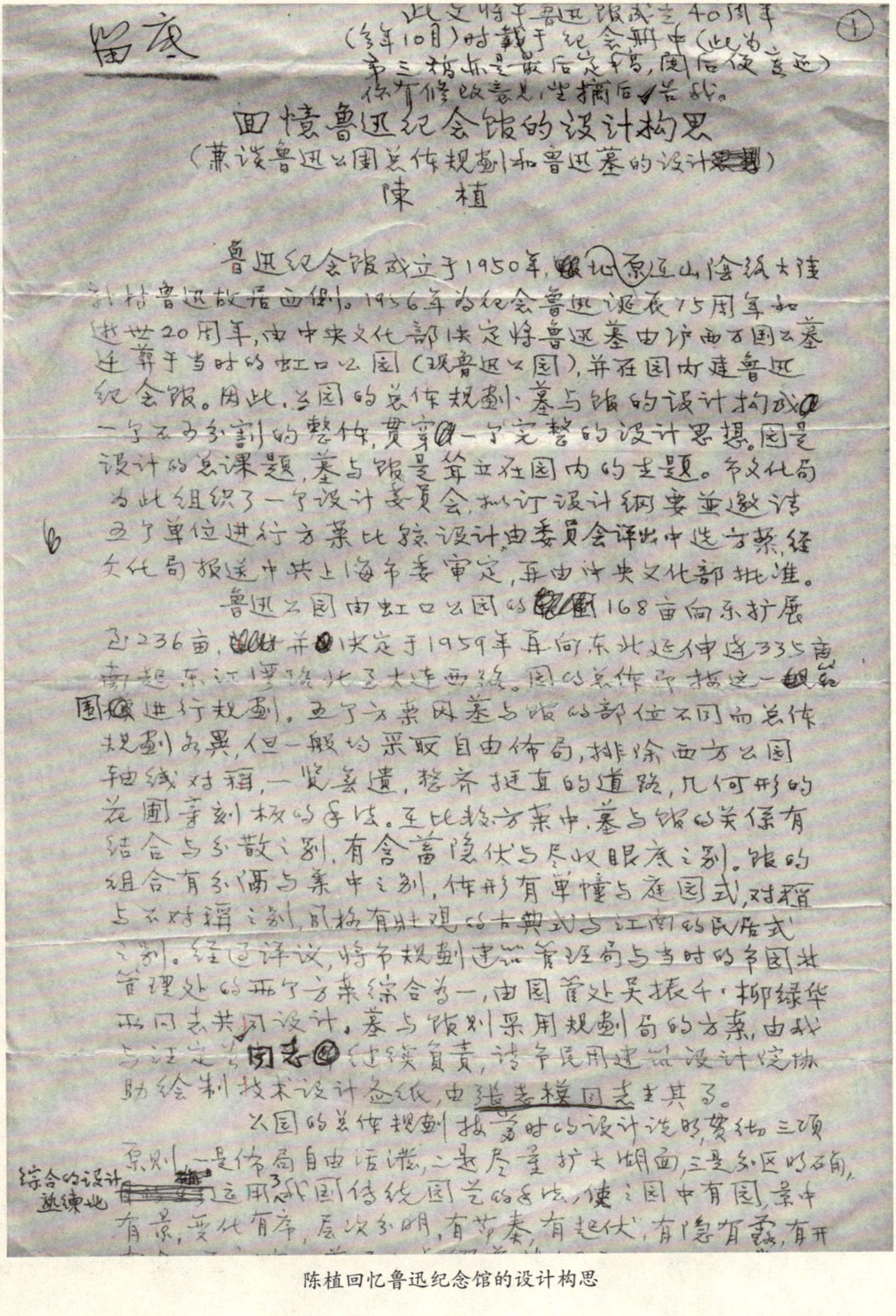

留底

此文将于鲁迅馆成立40周年（今年10月）时载于纪念册中（此为第三稿亦是最后定稿，阅后便交还）你有修改意见，望摘后告我。

①

回忆鲁迅纪念馆的设计构思

（兼谈鲁迅公园总体规划和鲁迅墓的设计）

陈植

鲁迅纪念馆成立于1950年，地址原在山阴路大陆新村鲁迅故居西侧。1956年为纪念鲁迅诞辰75周年和逝世20周年，由中央文化部决定将鲁迅墓由沪西万国公墓迁葬于当时的虹口公园（现鲁迅公园），并在园内建鲁迅纪念馆。因此，公园的总体规划、墓与馆的设计构成一个不可分割的整体，贯穿一个完整的设计思想。园是设计的总课题，墓与馆是耸立在园内的主题。市文化局为此组织了一个设计委员会，拟订设计纲要并邀请五个单位进行方案比较设计，由委员会评出中选方案，经文化局报送中共上海市委审定，再由中央文化部批准。

鲁迅公园由虹口公园的168亩向东扩展至236亩，并决定于1959年再向东北延伸达335亩，起东江湾路北至大连西路。园的总体即按这一范围进行规划。五个方案因墓与馆的部位不同而总体规划各异，但一般均采取自由布局，排除西方公园轴线对称，一览无遗，整齐挺直的道路，几何形的花圃等刻板的手法。在比较方案中，墓与馆的关系有结合与分散之别，有含蓄隐伏与尽收眼底之别。馆的组合有分隔与集中之别，体形有单幢与庭园式，对称与不对称之别，风格有壮观的古典式与江南的民居式之别。经过评议，将市规划建筑管理局与当时的市园林管理处的两个方案综合为一，由园管处吴振千、柳绿华两同志共同设计。墓与馆则采用规划局的方案，由我与汪定曾同志继续负责，请市民用建筑设计院协助绘制技术设计图纸，由张志模同志主其事。

公园的总体规划按当时的设计说明贯彻三项原则，一是布局自由活泼，二是尽量扩大湖面，三是分区明确，综合的设计熟练地运用我国传统园艺的手法，使之园中有园，景中有景，变化有序，层次分明，有节奏，有起伏，有隐有露，有开

陈植回忆鲁迅纪念馆的设计构思

暮年陈植在自己设计作品前欣慰微笑

追思默念或阅览书刊。鲁迅总是鼓励人们勤于读，他曾说过，‘我一天不看书都生活不下去’。墓的设计一反隐于碑后的惯例，而是让鲁迅虽死犹生，长眠于面向群众活动、儿童玩耍的场地。毛泽东同志所题的墓壁挂与幕后作为壮阔的背景。墓前两侧的广玉兰昂首挺立，墓壁东西各有松柏一株，墓东系许广平同志所植，西为周海婴同志所植。墓两旁的墙面与花廊石柱均以毛石砌成，以示鲁迅铁骨铮铮、坚贞不屈的豪迈性格。整个墓园的设计意在庄严高雅，平易近人。”

在鲁迅纪念馆设计时，陈植和汪定曾商议：“我们认为这个建筑物的造型要求简洁、朴实、明朗、愉快、活泼、雅致，具备江南民居的风味。”汪定曾分工设计纪念馆，坚持从功能出发，使参观路线井然有序，毫无交叉，馆内气氛随之宁静顺畅。建筑平面布局采用江南庭院式，建筑立面采用鲁迅故乡绍兴的地方风格，白墙灰瓦马头山墙，毛石勒脚以及环式镂空的柱廊与栏杆。

鲁迅墓地占地1600平方米，陈植的设计由四个部分组成。第一个部分是进入墓地小广

鲁迅纪念馆

场和公园道路连接，作为瞻仰人群交通集散的地方；第二部分是长方形天鹅绒草坪，中央矗立鲁迅铜像；第三部分是可容纳300人谒墓的大平台和正面高5.38米，宽10.02米的花岗石照壁，上面镌刻着毛主席亲笔题写的“鲁迅先生之墓”；第四部分是墓后从东到西屏风式土山，栽满苍松翠柏和樱花及夹竹桃。整个墓地不仅庄严，更显得几分文人墨客的气质，具有民族风格又显超凡脱俗。

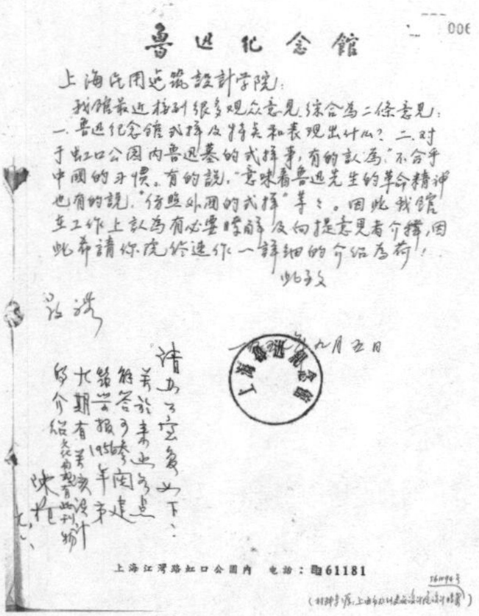

魯迅紀念館

上海民用建築設計学院：

我館最近接到很多观众意見，综合為二條意見：一、鲁迅紀念館式樣反映着和表现出什么？二、对于虹口公園内鲁迅墓的式样事，有的認為“不合乎中國的习惯”，有的說，“意味着鲁迅先生的革命精神”也有的說，“仿照外國的式样”等等。因此我館在工作上認為有必要瞭解及向提意見者介绍，因此希请你院给速作一詳細的介绍為荷！

九月五日

上海江湾路虹口公园内 电话：61181

陈植批阅的文件

1956年7月中旬开工，9月底鲁迅墓地及纪念馆竣工。10月14日鲁迅灵柩迁葬虹口公园新建墓地，并举行鲁迅塑像揭幕仪式，上海市领导、宋庆龄、巴金和许广平等2000余人参加了庄严又隆重的纪念仪式。10月25日起向社会公众开放，工人、农民、解放军战士和少先队员等络绎不绝，前来瞻仰这位伟大的文学家、思想家和革命家。1961年起鲁迅墓地和纪念馆被列为全国重点文物保护单位。

1990年陈植回忆这段历史时说：“在设计过程中，倾慕鲁迅先生伟大的人格力量，学习他的横眉对敌，俯首为民的精神是一个深刻难忘的教育。”陈植在鲁迅墓地和纪念馆的设计实践中，正因为深切感受与了解这位伟人的人性特点，与之产生心灵的碰撞与共鸣，故而才能如此淋漓地将鲁迅先生的人格魅力体现在设计作品之中，才能交出这样一份佳作。

上海市民用建筑设计院的前身是成立于1953年1月的上海市建筑工程局生产技术处设计科，是新中国上海第一家市属国营设计单位，科长是刘慧中，当时只有十余人。由于处在恢复经济时期，基本建设项目量大面广。是年5月，设计科扩大为设计室，人员扩至70多人，当年即投入上海市第一个工人新村曹杨新村的施工设计与上海市工人新村2万户定型住宅设计之中。1955年2月，在上海市建筑工程局设计室基础上又扩大为上海市建筑设计公司，施宜为公司经理，当时主要的设计业务还是工人新村住宅及配套的学校、菜场、商店等项目。1956年上海市人民委员会决定撤销上海市建筑设计公司成立上海市民用建筑设计院，人员激增至489人。陈植来到民用建筑设计院，不辜负领导交付的重任，一面贯彻上海市领导的建设意图，一面紧紧抓住关系民生的居住建筑这根主线，为人民安居乐业设计美好家园。

不知旧，何以言新。虽说上海老旧住宅正迫切地面临改造，但也不是轻易拆除建新屋那么简单。为了能为老百姓实实在在设计出适用、经济、一定条件下美观的美丽家园，他走街串巷，调研住宅情况，最终发现：“上海的居住建筑更是带有残酷的阶级烙印，一方面是少数的洋商、买办、官僚、地主、资本家的花园住宅、高层公寓，水电、采暖、卫生、煤气、电梯，一应俱全；柏油马路、公共交通，四通八达；高级商店、电影院、剧场、医院、学校等公共建筑，配备完善；既有独享的花园，又有邻近的花园。总之，现代化城市的一切设备，完全应有尽有。另一方面是一百六十万左右的劳动人民，迫于高租金，被贫困所驱，住的是铁路两旁，或是四周荒地，或是靠近污水沟的贫民窟，对于他们来说，上海不是一个乐园，而是一个罪恶的城市。他们为上海铺设了道路，上下水道，各种工程管线，而在他们的居住地区，只有雨天的泥泞与积水，晴天灰尘飞扬的小巷；大都是没有电灯，没有公共交通，他们喝的是受到污染的井水、河水。他们为上海建造了多少高楼

蕃瓜弄棚户区

蕃瓜弄改造后住宅小区总平面

大厦，而他们自己所住的是年久失修或早已该拆的危险房屋，外面下大雨，里面下小雨，草顶棚屋，把每一层楼分搭的两层的‘阁楼’，停泊在排除生活污水的河浜中的船居。他们为上海的高等住宅区栽满了绿荫，而他们居住过的地方很多为工程的有害气体、工业废水所包围。他们为上海造了不少医院和学校，他们自己是有病无钱医，子弟无钱不上学。”陈植能深切体会到劳动人民的疾苦，深知他们居住环境的恶劣，从而清楚地认识到建筑师的作为。他说：“住宅建设是国民经济的组成部分之一，投资多，数量大，占地面积广，是关系着广大人民生活的一件大事，如何根据生产力发展的条件，尽可能地满足广大群众居住上的要求，如何随着生产力的提高逐步提高居住的标准，就是有关多快好省的关键性的问题。”为做好居住建筑设计，他调集精兵强将成立住宅建筑研究所，开展住宅及配套建筑的调查研究，对住宅建筑日照、开间、进深、建筑模数以及厨房间、卫生间的设计逐一进行深入研究。

当时上海市民用建筑设计院承担全市统建工人住宅的设计任务，由于住宅研究先行，在设计1957年和1958年上海市标准住宅时，设计成果类型多样，适用于各类不同的居住情况，经济又适用。随着国家经济建设的发展，国民经济条件的逐步改善，住宅标准逐年提高，增设了浴室和阳台。1959年设计了上海市九种类型住宅设计，户型有两室户和三室户，平面有蝴蝶式、凹凸式、外廊式、跳廊式、锯齿式、内廊式等，立面朴素简洁，并适当结合地方风貌，突出地方风格。

上海闵行一条街是20世纪50年代上海住宅建设的样板。由于1958年上海闵行机电工业的迅速发展，相继建成上海电机厂、上海汽轮机厂、上海重型机器厂、上海锅炉厂等大型骨干企业。上海市领导提出一面抓生产一面抓生活，在闵行建设远期人口为20万的卫星城镇，并提出“先成街后成坊”的原则。陈植院长和汪定曾副院长带领张志模、庄镇芬、朱菊生、庄周生等一批建筑师和工程师根据市里的意见挑灯夜战，投入紧张的设计。第一期工程1959年4月开始边设计边施工，至同年10月建成四至五层楼房31幢，底层为商店的住宅6幢，建筑面积达7.29万平方米，同时建造闵行饭店、闵行妇女用品商店、闵行邮电局等公共建筑10项，建筑面积达1.49万平方米。由此，呈现在世人面前的是居住舒适、环境优美、服务便捷的商业一条街，一派欣欣向荣的情景，开创了全国建设卫星城的先河。新闻媒体也广泛宣传报道，许多党和国家领导人视察后都一致称好。后来在上海北郊的张庙地区，配合上钢五厂、上海铁合金厂等钢铁工业发展，又设计建造了张庙一条街，同样好评如潮。

1959年8月，陈植在《解放十年来上海的住宅建设》一文中说：“解放十年来，70万劳动人民已经从狭小、拥挤、阴暗、潮湿的贫民窟迁居到响亮开敞，充满阳光空气，有卫生设备、电灯的楼房，既有绿化，又有公共福利设施，这说明由于党的无限关怀，上海的居住建设正如全国其他地区一样，已经取得了空前的成就，充分体现了社会主义的无比优越性。”汪定曾也说：“闵行和张庙的住宅建筑，我认为它是较好地继承了民族的传统和地方风格，并在新的历史条件下，加以适当的革新。”

当50年后我们再一次来到当年的闵行一条街，建筑依然显得落落大方，生活在那里的人们也显得很安逸，当时在道路两旁栽下的香樟树苗已经长成粗壮的大树。闵行一条街现在名为江川路，我们问了许多过路的青年人是否知道闵行一条街，他们都说不知道，当问及一个中年人时，他很快就告诉我们，“江川路就是闵行一条街”，那神情中还满含着对当年闵行一条街建成时的激动，以及透露着对那段历史的亲切感。而今大半个世纪过去了，以后的人们也许不再知道当年的设计者和建造者，但史料上记载着他们的功绩，正是前辈们的辛勤劳动，才有今天幸福安康的生活。

在陈植带领下，“两街一弄”为民用院打响了住宅设计的品牌。这一弄，便要说到以蕃瓜弄为代表的上海棚户区改造。陈植在关系到人民大众的住宅设计中深感建筑师责任重大，在当时“适用、经济、适当注意美观”的政策下，在土地利用上绞尽脑汁，千方百计做到“经济”，提高居住用地的百分比，使用一定限度的资金、办尽可能多的事，为

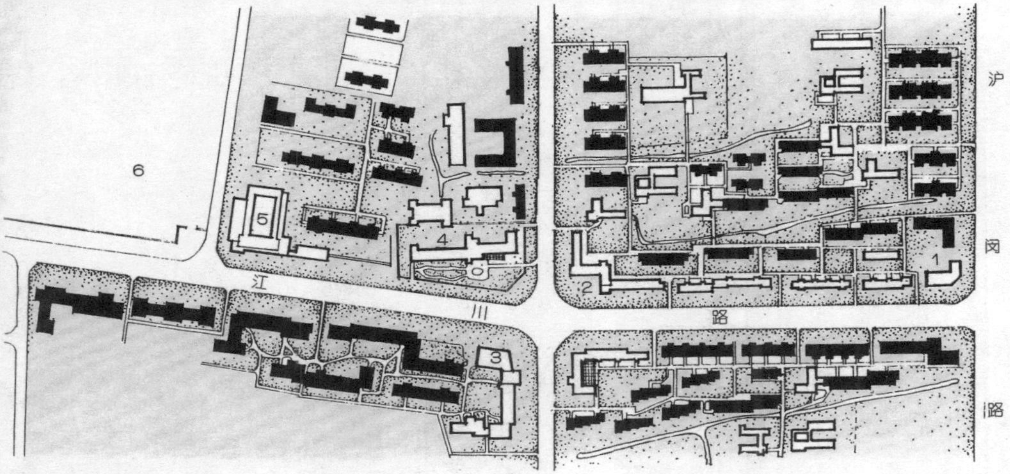

1. 邮局
2. 沿街住宅商店
3. 妇女儿童用品商店
4. 闵行饭店
5. 闵行剧场
6. 红园

1. post office
2. residences and stores along the street
3. ladies & children's goods store
4. Minhang Restaurant
5. Minhang Theatre
6. Red Garden

闵行一条街总平面

人民设计适用、美观、质量好、造价低、多品种的职工住宅。1959年上海市人代会上陈植表示，“坚决地为完成光荣的复杂的上海住宅建设任务而努力”，这是他向上海人民立下的誓言和承诺。与此同时，他的世界观和人生观也有了很大变化，他以百姓“安居乐业”为己任，深入普陀区药水弄，南市四牌楼、闸北区蕃瓜弄等棚户区调研，了解百姓疾苦和居住要求，在设计中充分考虑他们的呼声。1963年在蕃瓜弄棚户区改造为住宅小区项目中，陈植亲自审查图纸，不放过平面布置中任何一个不合理处，一丝不苟、严谨务实的精神体现了他以人为本的设计理念。

住宅建筑设计让陈植更贴近百姓生活，为百姓所思所想，除了这部分主要的民用项目外，锦江小礼堂项目的设计亦可算是陈植一生中较为难忘的经历之一。

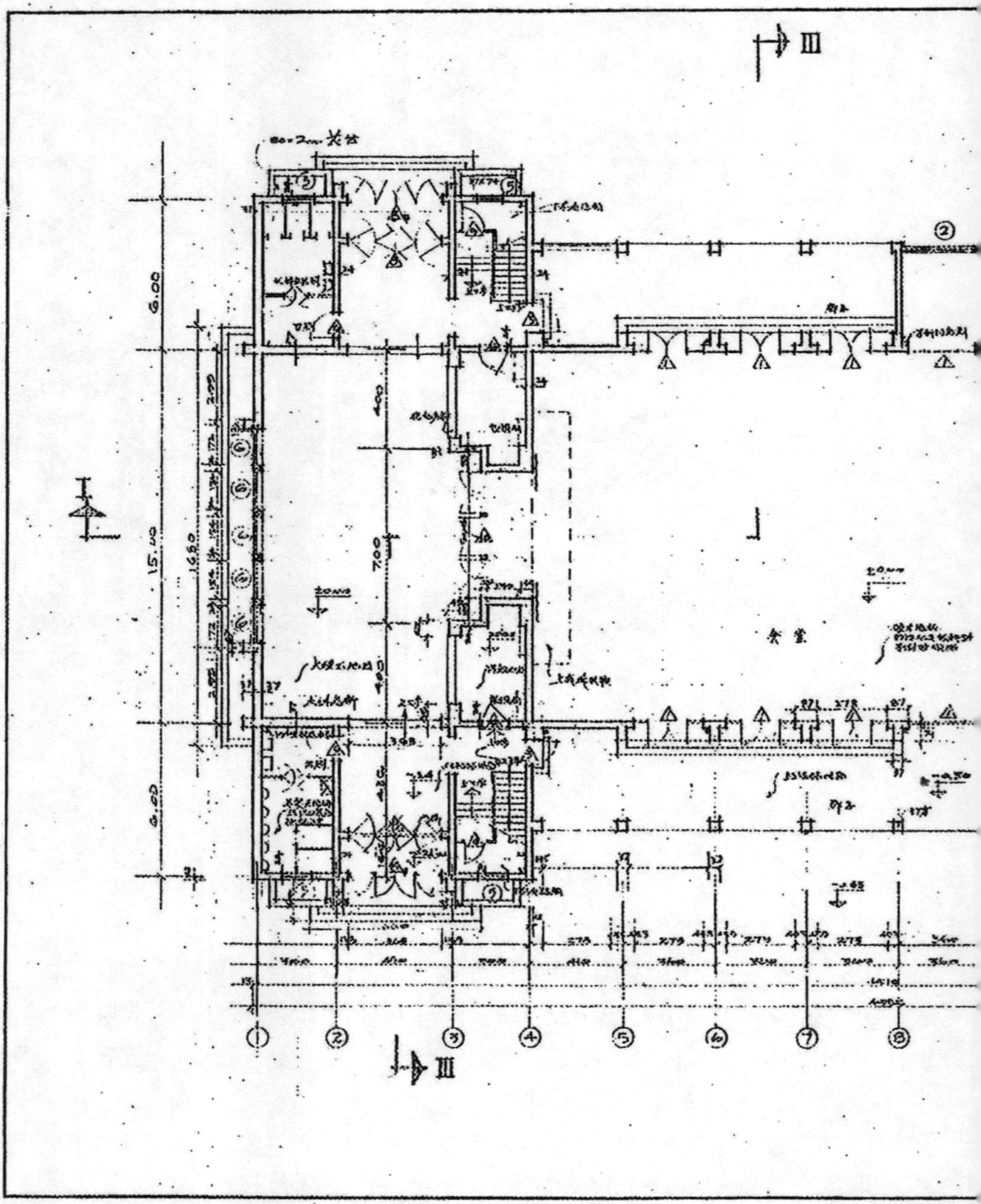
III
6.00
15.00
16.50
6.00
4.00
7.00
① ② ③ ④ ⑤ ⑥ ⑦ ⑧
III

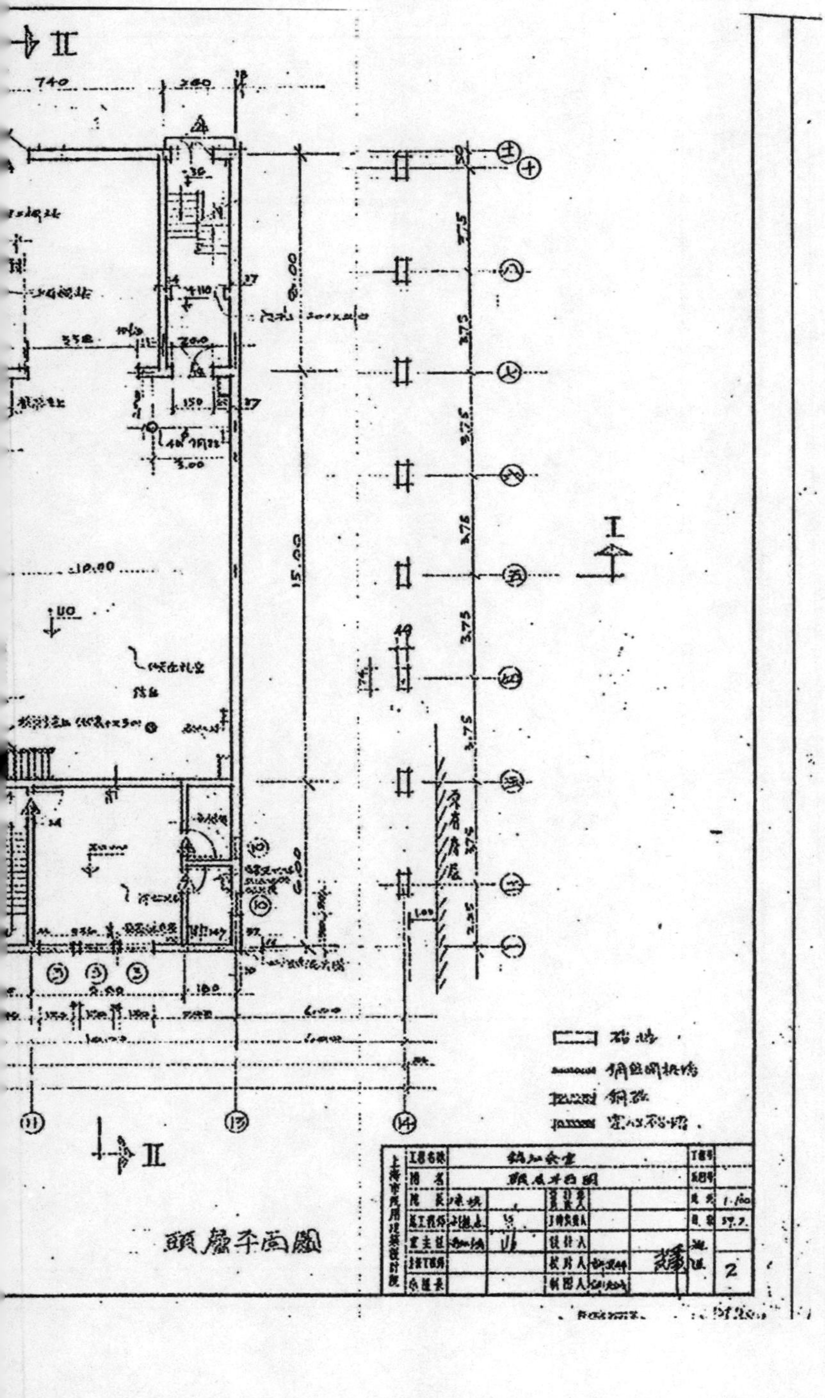

锦江小礼堂平面图

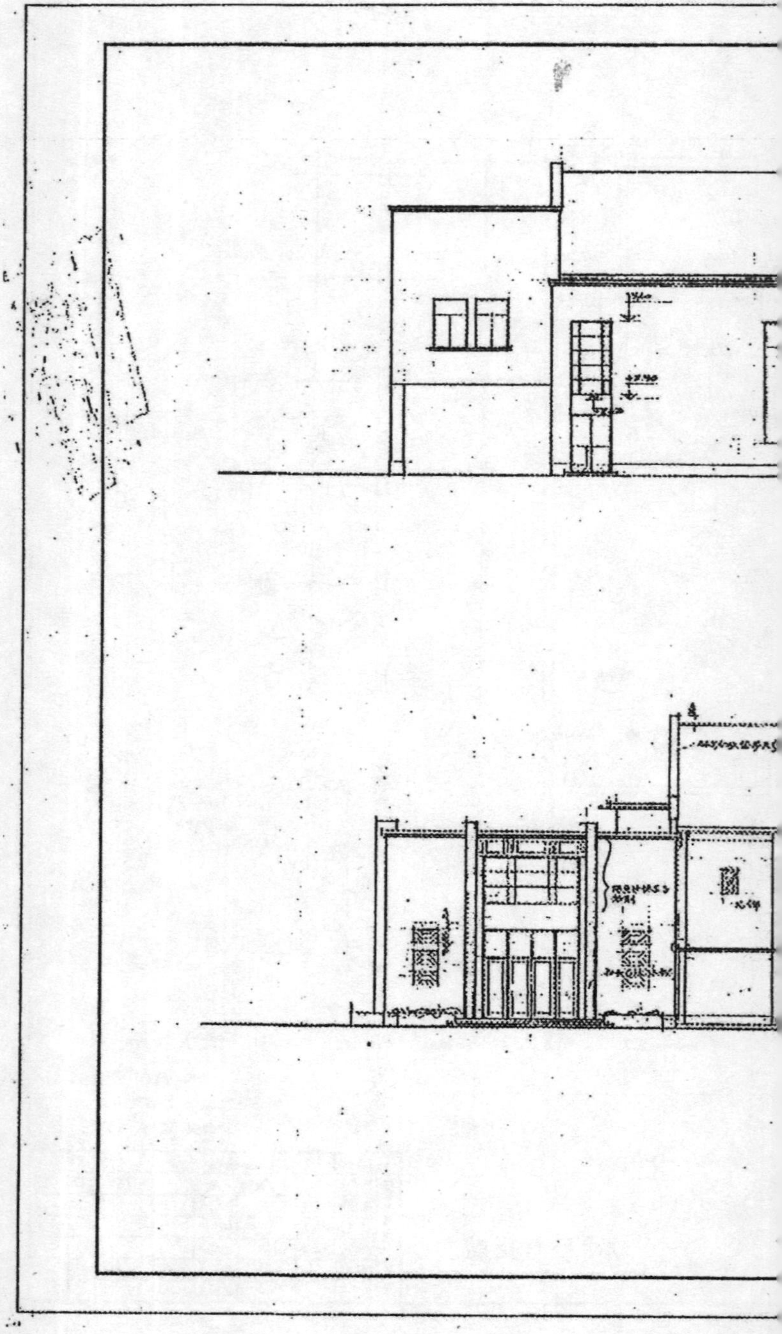

陈植任审定人的锦江小礼堂立面图

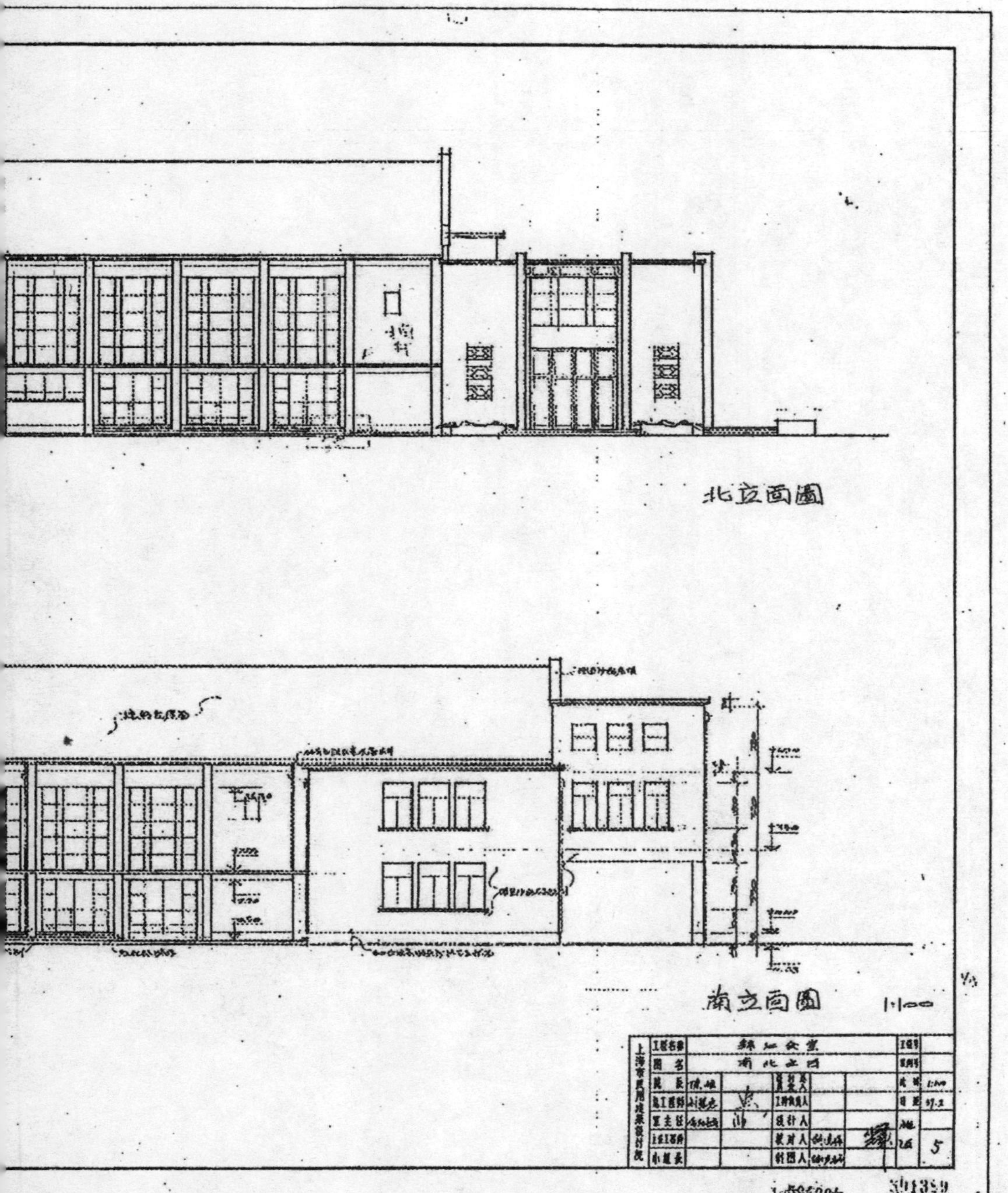
北立面圖
南立面圖
1:100
上海市民用建築設計院
圖名
院長
設計人
校對人
5

锦江小礼堂

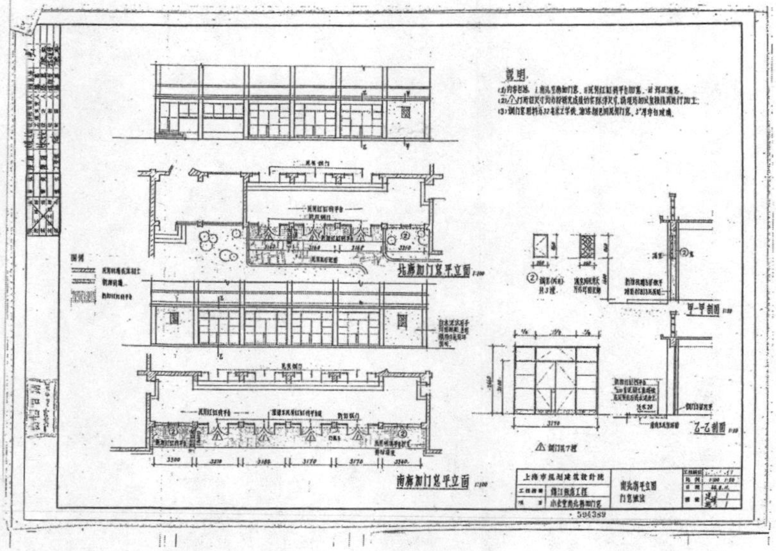

陈植任审定人的锦江小礼堂图纸

1958年陈植院长兼任上海市基本建设委员会委员、总建筑师，参加市里重大工程的审查。1959年中央决定在上海召开中共八届七中全会，此次会议安保和保密要求很高，而当时上海没有几个能举办大型会议的场所，最后毛泽东和周恩来决定在上海的锦江饭店举行。锦江饭店解决住宿不成问题，但开会则需要新建一座小礼堂。同年2月，当时的总书记邓小平和中共中央办公厅主任杨尚昆专程来上海锦江饭店察看地形，决定就在饭店北楼与中楼之间的空地上盖小礼堂。中共上海市委经过认真研究后，定下了“庄严、朴实、适用、保密”的八字方针，并点名由陈植负责锦江小礼堂设计。

小礼堂建筑面积1200平方米，工程规模虽不大，但工期紧，同年4月初就要使用；规格也很高，中央主要领导及各地的一把手都会参会。陈植虽曾经历过上海中苏友好大厦、上海鲁迅墓地和纪念馆等重大工程项目的实践，有技术、有能力、也有经验应对此

锦江小礼堂

类重大工程项目设计，但是这次的任务去让他激动得夜不能寐。他深感党对他的高度信任和器重，他说："在很多场合，我是唯一的党外人士，党把我看作自己人，我感到无限的光荣，使我感激不尽，惶恐无比。"

带着兴奋与激动，倍感身肩之重任，陈植开始了通宵达旦、夜以继日地筹划工程的设计方案，最终设计出的锦江小礼堂，富有民族风格，高雅大方，不落俗套，经典、气派。此方案经邓小平、杨尚昆审核，得到周恩来批准。而后施工阶段又是一场硬仗，这关系到将设计方案中美好的想法变成现实，于是陈植几乎吃住在工地，与工人们并肩奋战，最终在规定的日期向党交上了一份满意的答卷，建成了国内一流的会堂建筑。周恩来会前检查各项准备工作时，对小礼堂的完工赞不绝口："不错嘛，这样短的时间能盖起来，布置得很好。"

1959年4月2日至5日，中共八届七中全会如期在上海锦江小礼堂举行。毛泽东、朱德、周恩来、陈云、邓小平、林伯渠、董必武等中央领导同志，全体中央委员和省委第一书记共200多人出席了会议。会上通过了1959年国民经济计划草案，对人民公社的整顿工作进行了检查，拟议了国家领导人名单。毛泽东亦对锦江小礼堂十分满意，高度赞扬了设计者和建造者。后来，毛泽东来上海，多次住在锦江饭店。以后的许多重要会议也都首选锦江小礼堂。1972年2月28日下午4时，美国总统尼克松和中华人民共和国总理周恩来在锦江小礼堂签署了举世瞩目的《中美联合公报》，成为中美两国友好史上重要里程碑。

锦江小礼堂建成30多年后，考虑到重要会堂抗震等原因，锦江小礼堂面临重建。消息传到陈老那里，遭到他的强烈反对，他认为这是见证许多重要历史事件的场所，不能消失。1996年4月江泽民总书记在锦江小礼堂接见中亚三国首脑时，对小礼堂如何处置也很关心。锦江饭店根据领导的意见，邀请了上海市规划局、文物管理委员会进行商议，经过历时数月的反复讨论后，终于采纳了规划局副总工程师赵天佐等诸位专家的意见，即保留原来小礼堂正门（改建后的北侧门），样式不作任何改动，同时制作原小礼堂建筑模型并永远存放在正门大厅，以资纪念。专家们将此折中的方案征求陈植意见，他方才认可。经市有关领导批准后，小礼堂改建后扩大为10 960平方米。

上海西郊宾馆的毛泽东住所，以及原法国总会改建为文化俱乐部的设计，这些皆出自陈植之手。在这些工程实施过程中，还夹着一段小插曲，采访陈老儿子陈艾先时，他告诉我们："父亲在做锦江小礼堂和原法国总会改建文化俱乐部工程时，他看到（锦江饭店）毛主席住所办公桌上的毛笔，出于崇敬之情，对市里秘书长说想拿一支留作纪念。”没曾想秘书长说：“可以啊，只要再买一支一样的放进去就行。”“父亲回来后兴奋地说了此事，我还专程去福州路文具店觅了一支同样的‘小似神’狼毫笔。”

在专业岗位上，陈植始终坚守自己的职业操守，他对待建筑设计的思想是辨证而客观的，从不一味跟风，在看到不合时宜之处，他亦会大胆指出。

那是在建国十周年庆典前夕，中共中央决定要进行天安门广场改建和在北京建设“国庆十大工程”。1958年9月5日，北京市委书记处书记、副市长万里在北京市政府大楼会议室里，传达中央“关于筹备庆祝建国十周年”的通知，要求在建国十周年到来之前，建好大会堂、革命博物馆、历史博物馆、国家剧院、军事博物馆、科技馆、艺术展览馆、民族文化宫、农业展览馆，加上原有的工业展览馆，共十大公共建筑。

为了集思广益做好设计方案，由北京市人民委员会和中国建筑学会联名发出电报，邀请全国各地著名建筑专家参加国庆工程方案设计工作。中国建筑学会秘书长汪季琦和北京市建筑学会党组书记沈勃专门商议拟定了受邀专家的名单，经万里同意后向各地发出。

9月8日至10日晚，各地专家约30多人陆续抵京，被安排在和平宾馆，其中包括南京工学院建筑系主任杨廷宝，南京市设计院副院长江一麟，上海华东工业建筑设计院副院长赵深，上海市民用建筑设计院院长陈植，同济大学教授金经昌，清华大学建筑系主任梁思成、吴良镛，北京市建筑设计院和市规划局的张开济、赵冬日，建设部设计院王华彬、陈登鳌，广东的林克明、陈伯奇、黄远强，辽宁的毛梓尧，吉林的郑炳文，浙江的陈曾植，河北的徐中、邬天柱，山西的洪青，甘肃的杨耀，湖北的鲍鼎、殷海云、王秉枕等。当天晚上，专家齐聚和平宾馆，北京市规划局局长冯佩之和沈勃到宾馆向各地专家介绍任务情况，要求大家在五天时间内拿出第一稿设计方案，还请北京市建筑设计院为他们搬来了画板和画架。当时的设计方案竞赛规定以个人或小组名义参加，分阶段交卷，然后领导审阅，大家评议，意见汇总后进入下一阶段。

9月15日，第一稿设计方案如期完成，北京市委领导审阅后没有给出具体意见，只是说“进一步解放思想”。于是，第二稿设计方案开始了。这次，北京各设计院做方案外，各地专家分三个组，梁思成牵头做革命博物馆、历史博物馆方案；杨廷宝牵头做大会堂方案；赵深、陈植牵头做国家剧院方案。各地还纷纷增派年轻力量前来支援，又是连续奋战五天，共一百多张图纸，成稿后大家观摩并提出修改意见。然而对于第二稿设计方案，领导还是不满

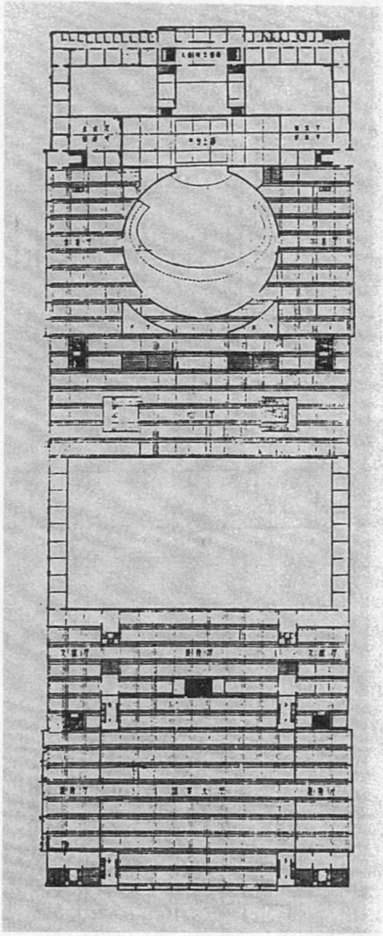

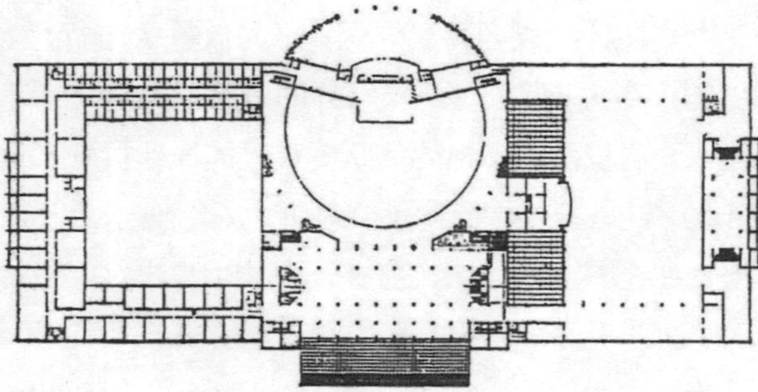

同济大学建筑系人民大会堂设计方档案

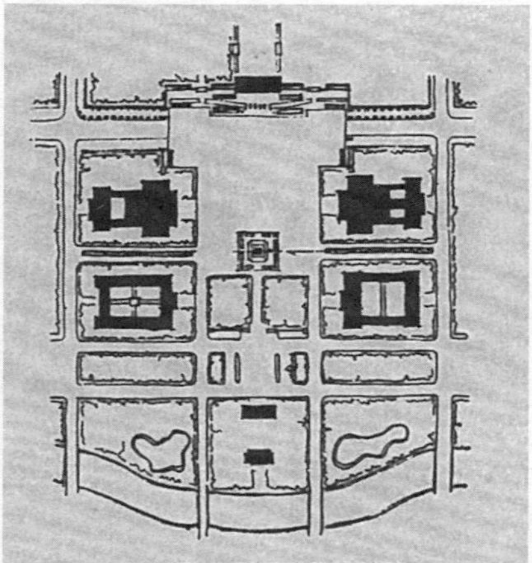

上海市民用建筑设计院
陈植等设计的总体方案

同济大学建筑系另一个方案

意，方案迟迟定不下来。到了第四稿设计方案，广泛发动北京市各设计院和清华大学师生，但对方案仍有争议。接着第五稿设计方案至第七稿设计方案，争论一直在继续。

这些专家从来没有设计过规模如此宏伟的建筑物，也吃不准领导的意图，最主要是对天安门广场的性质、规模大小、周围建筑处理和新建建筑尺度等问题认识不一致，使他们犯了难。最后，彭真传达毛泽东指示这才定局。天安门广场从原长安左门与长安右门一直向南拓展，直抵正阳门一线城墙。这个原则确定后，天安门广场改建东西宽500米，南北长

860米，面积达44公顷。

北京市委又对各专家方案，进行讨论，选出陈植方案、赵深方案、刘敦桢方案、戴念慈方案、毛梓尧方案和第十方案共七个报送中央审查。因为原计划的国庆十大工程后来作了调整，陈植、赵深不再做国家剧院方案，集中精力做天安门广场改造规划方案，他们俩竭尽全力拿出两个方案全部入围，送中央审查，陈植甚感欣慰。陈植的方案将大会堂、博物馆等4个单体安排在天安门广场两侧，与最高领导人要搞百万人广场、万人大会堂的雄伟思想相比还是显得保守了。在当时热火朝天的大跃进时代，许多事情都还是前所未有的，惊天动地的，恪守本分的陈植，思想即便是解放了再解放还是跟不上。原大会堂建筑面积5万平方米，后来放大至7.5万平方米，如此还认为不雄伟，北京市规划局做了个17万平方米的方案，结果中选，这个选择让在场的专家们都惊呆了，在经历了1955年的反复古、反浪费运动，1956年的“百家争鸣”后，这一切都让他们觉得不可理解。

梁思成认为天安门广场太大，不符合人的尺度，好似人淹没在一片沙漠之中。大会堂尺度简单放大，把开间、层高、甚至门、窗户、壁等放大一倍，人一进去，似乎小矮人来到了巨人国的感觉。王华彬对一味追求设计面积、庞大的建筑体量提出批评，认为是大而无当。

同济大学参加大会堂设计方案是第二稿后，根据周总理指示请同济大学、南京工学院、天津大学、华南工学院4所大学一起参加方案设计。同济大学师生经过日夜奋战，拿出两个设计方案，但是都是按照建筑面积7.5万平方米的规模构思设计，却并不知道还有个17万平方米的说法，这些方案后来被否决了。

北京天安门广场改建和大会堂新建工程引起了专家们的争议，来自各地的专家都想竭尽全力奉献自己最好的设计作品，但是他们对最高领导求大的精神宗旨始终不解，为什么大了又大？因为他们始终恪守着“适用、经济、在可能条件下的美观”的原则。同济大学吴景祥、冯纪忠、黄作燊、谭垣和陈植、赵深6位专家怀着对人民负责和一个建筑师的职业道德，联名向周恩来送上书面报告，对天安门广场500米宽表示担忧，惟恐出现旷野和建筑比例失调的现象。他们援引了欧洲名城的一些比例关系，广场上的标志性建筑高度与广场深度一般构成1:4至1:6的比例，如用1:4来套天安门广场，500米将要求125米的建筑高度。1:6将要求建筑高度至少83米，而中选方案大会堂东门高40米，已经超过33.7米的天安门城墙高度，而以40:500则构成1:12.5，比例严重失调，丧失美感。其次，他们认为大会堂中选方案立面风格类似日内瓦国际联盟设计竞赛中选方案，也是西方新古典的折中主义风格，并未体现大胆创新、不拘一格。

周恩来见信后，通过北京市副市长吴晗致电他们出席座谈会。当时边设计边施工，一直在赶进度，北京市院承担施工图设计，基础施工图已经完成。1959年1月20日周恩来、彭真等领导人在北京市人委交际处开座谈会，倾听专家们的意见，周恩来在会上说："听说大家对人民会堂还有很多意见，这个房子如果有缺点，大家就当有病的孩子来对待，首先考虑治病的问题。"周恩来强调房屋结构安全性后，对专家们担心规模太大的问题说："我们就是要好社会主义之大，急社会主义之功，而不是追求无目的之好大喜功。仍旧贯彻党的适用、经济、美观的原则，做到'大而得当'，不能'大而无当'。"

1958年的大跃进在狂热的冒进情绪后，经济发展失衡的严重后果日渐暴露出来了，钢材等建筑材料都出现了短缺。1959年2月28日，周恩来在中南海主持国庆工程汇报会，形成决议，压缩国庆工程规模，有的项目推后，有的项目缩减规模，国庆十大工程调整为：人民大会堂、革命历史博物馆、全国农业展览馆、军事博物馆、民族文化宫、迎宾馆、工人体育场、北京火车站、民族饭店、华侨大厦。

今天当人们理性地看待天安门广场和大会堂建筑时，若了解当年的这段往事，定能感受到陈植、梁思成等老一辈建筑师们对党和人民的一片赤胆忠心。他们不仅业务精深，更伟大的是在当时的环境中敢冒政治风险直言不讳，可见他们对党、对国家的一片赤诚。

陈植在担任上海市民用建筑设计院院长期间，还十分重视古建筑和革命历史遗址的修复设计，设计院几乎承担了当时上海市文物保管委员会和上海革命历史文化纪念馆（筹）的全部设计任务。其中中共一大会址、渔阳里原团中央机关旧址、安义路毛泽东旧居、威海卫路毛泽东故居、豫园、真如寺、松江方塔、青浦青龙塔、嘉定孔庙等的测绘、修缮图纸，他都亲自审阅，并对设计人员悉心指导。

1979年天马山护珠塔严重倾斜，当时兼任上海市文物管理委员会副主任的陈植亲自上山踏勘，回来后组织结构工程师开会研究，最后形成"斜而不倒"的加固方案。周公馆的修复由他主持工程设计，陈植认为要解决房屋倾斜问题，首先要勘察房屋地基，查阅建筑档案。果然在地质勘查钻探后发现房屋基础下面还有不为人知的暗沟，找到根源后即可对症下药，加固了地基，避免了房屋因沉陷不均而造成的裂缝。

1976年毛泽东同志逝世后，同年9月中央决定建立毛主席纪念堂，为了搞好这项重点

上海市人民委員会

任 命 書

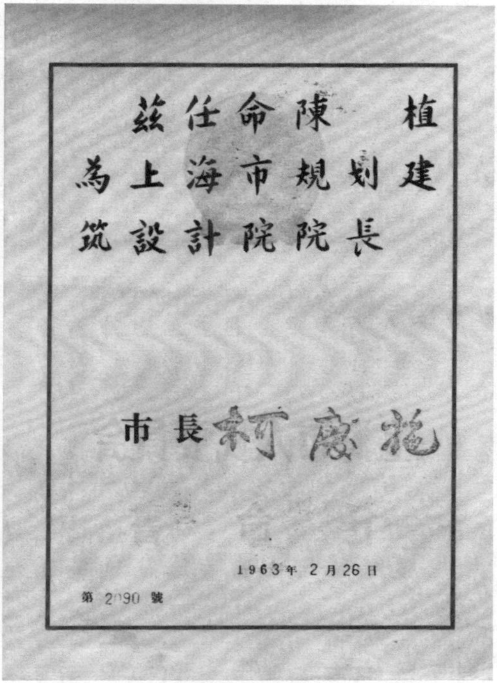

茲任命陳 植

為上海市規划建

筑設計院院長

市長 柯慶施

1963年 2月26日

第2090號

任命书

工程，邀请了全国著名的规划、建筑专家20余位，在北京前门饭店进行设计，陈植和钱学中建筑师代表上海市民用建筑设计院参加设计工作。开始纪念堂位置选择了天安门、午门、景山、香山等地方，同时做几个设计方案比较。陈植和钱学中分工做景山方案，这个方案比较难做，景山前有故宫，后有鼓楼，又要景山公园的完整。如何做好方案呢?他苦思冥想昼夜加班，建设部有关领导有一天晚上12点多了看到陈植房间大门敞开、灯光通明，走进房间他还在伏案工作，劝他休息，他执意不肯。景山方案很快完成了，这个方案特点把景山南北打通，纪念堂设在景山的山里，山巅建一个高塔，塔尖闪出红星的光芒。这样纪念堂和景山公园融为一体，人们既可瞻仰毛主席遗容，又可游览公园。陈植对这个方案觉得还不够理想，方案有它优点，但是破坏景山自然环境，可是景山这个命题，离开景山还能作什么理想方案呢？最后中央决定纪念堂设在天安门广场，其他方案均落选了，但是陈植那种认真的态度、创新的思想给领导和同行留下深刻印象。后来陈植以古稀之年，不辞辛劳，又赴北京通宵达旦地赶做方案。他和专家们一起完成了中国革命历史纪念馆的方案设计任务。

1969年上海文化广场发生火灾，市里要求在短时间里复建，设计院组织精兵强将到现场设计，陈植也参加了文化广场现场设计组。但在设计组里，已近70高龄的他仍兢兢业业，与普通设计人员一样绘制设计图，对工程也敢于表述自己的见解。如当时对广场绿化树种的选择，陈植再三提出应种四季常青的香樟树，并列举该树种对环境的诸多好处。

在陈植担任民用院院长期间，他以人为本的设计理念得以有效贯彻到全院的设计任务中，使得民用院设计项目贴近群众，在百姓心中留下良好的口碑；他恪尽职守的工作态度令他多次肩负设计重要公共建筑及政治性建筑的重任；他的执著与敬业，刚正不阿的建筑设计思想使得他在重大建设项目中的谏言一字千金……

5.陈植设计思想

上世纪50年代后期，在毛主席提出的"双百"方针下，文艺界、科学界等各行各业呈现一派百家争鸣、百花齐放的景象。就在1959年五六月间，建工部和中国建筑学会在上海联合召开了"住宅标准及建筑艺术问题"座谈会，邀请了全国约120名专家参会，围绕"创造中国社会主义建筑新风格"的主题展开大讨论。中国建筑师曾在上世纪30年代发起过"中国固有建筑风格"的讨论，但规模小，未成气候，而这次讨论规模之大在中国建筑史上前所未有。会上首先由建工部刘秀峰部长做了题为《创造中国的社会主义的建筑新风格》的报告，而后，各地建筑专家竞相发言，各抒已见。

会中，陈植听得非常认真，并不时地记下发言专家的各种观点和想法，再写下自己的意见和看法。他的发言被安排在5月26日，发言题目简洁明了——《对建筑形式的一些看法》，发言主要围绕"适用、经济，在可能条件下注意美观"的建筑设计方针，分别从建筑功能、建筑群体、自然环境、民族形式等几个角度谈了对建筑形式的一些看法。

关于建筑艺术的定位问题，陈植这样谈道："建筑是政治、经济、技术、艺术的结晶，有它的艺术性的一面，但是它的首要目的是为了满足广大人民在物质文化生活上的需要。因此，建筑的美观只能是派生的、从属的。所谓从属绝不是说在建筑设计中可以忽视美的因素，因为建筑除了符合使用上的要求之外，还必须满足人民群众精神生活上的需要，建筑的美观亦是相对的，只有适合一定的时期、地点、条件才能对建筑物的美作出比较正确的评价。"

陈植在方案评审会上观看建筑模型

关于建筑如何表现新的民族形式的问题，文中写道："建筑形式必须从功能出发"，"建筑形式应该表达建筑物的形式"，"任何违背内容的形式、任何为形式的美而牺牲适用的做法都根源于思想上的片面性"。

就单体建筑造型与城市建筑群协调问题，陈植说："一个单体很难能够脱离它所属的建筑群孤立地存在着。如果一个街坊中的组成单元千篇一律，毫无变化，排列又是单调，那么不论这个单元本身在形式上多么完善，不可避免地会给人们一个枯燥乏味的感受。""一个建筑群之内，在艺术上应该既要有统一，又要多变化。统一与变化不应该是对立的。"

谈到建筑形式与自然环境的关系，陈植认为要："尽量利用大自然作为建筑物的衬托，把建筑物作为自然的点缀，亦就是说，自然环境与建筑物必须作为一个整体来看待。"

陈植与园林专家莫伯治、顾正商谈

谈及建筑的民族形式，他说："我们一定要以毛主席所说的'科学的、大众的、民族的'，作为我们创造的方向，亦就是说要有科学的内容，大众的方向，民族的形式。这三者不是孤立的，而应该是一个不可分割的整体。""继承民族的建筑优秀传统，取其精华，去其糟粕"，"继承精华，只是吸取其精神，不是抄制其实例"。

50年代末60年代初陈植建筑设计思想日渐成熟，这时期他先后发表多篇文章阐述自己对建筑的感知，对建筑风格的看法和建筑师的社会责任。其中，《试谈建筑艺术的若干问题》一文是在1959年那篇发言稿基础上反复思考、修改后撰写的，此文对建筑艺术的认识更上一层楼，也是陈植建筑思想精华的集中体现。文章围绕建筑内容与形式、建筑形式与风格和新材料、新结构与民族形式的问题展开论述，并强调建筑功能要体现对人最大的关怀，这与今天所说的"以人为本"思想不谋而合，可见陈植那时便已悟到了建筑与人的这层关系。

（1）什么是建筑艺术

无论是中国的艺术史，还是世界建筑艺术史，建筑与雕塑、造园等一起被列入艺术的范畴。西方建筑史展现的是古希腊建筑、古罗马建筑的特式，欧洲中世纪建筑的奢华和文艺复兴建筑的典雅。中国建筑史描述的是中国宫殿建筑的宏伟、园林建筑的精致、住宅建筑的本土化。建筑的平面、立面、剖面还有各种构件和配件都涉及到形式和视觉，因此，有人说建筑是艺术与建筑材料的结合。梁思成、陈植等许多我国第一代建筑师留学美国的宾夕法尼亚大学，建筑系、景观建筑系、美术系和音乐系同归美术学院，这也许是西方对建筑归属美术大类的划分。

说起建筑作品，人们往往会关注建筑的艺术，建筑师设计建筑作品也关注建筑艺术。那么，什么是建筑艺术呢？首先要正确地认识建筑。陈植认为："建筑有它的双重性，它既是一门科学技术，又涉及艺术。拿建筑物来说，主要是一个物质产品，但也是一种艺术创作，是一个具有艺术价值的物质产品，一件受物质技术条件制约的艺术创作。”这段言简意赅的话，揭示了建筑的特点。第一，是一门科学技术，是一个物质产品。第二，涉及艺术，亦是一种艺术创作。然后，将建筑定位为具有艺术价值的物质产品，受物质技术条件制约的艺术创作。特别要注意的是，反复强调建筑是物质产品，有艺术价值的物质产品。由于建筑是根据人们的想象或愿望而设计建造的，完成后的建筑作品是建筑建造人思想和文化的表述，是意识形态的东西，具有形象和视觉欣赏作用，因此，就建筑本身而言是具有艺术价值的物质产品，就建筑设计来说是一种艺术创作。然而不能因为建筑涉及艺术，而忽视了产生建筑的物质技术条件，且建筑艺术也受到物质技术条件制约。

陈植在文章一开头便旗帜鲜明地反对抽象的建筑艺术，接着他在文中第二节又说了“建筑艺术是通过建筑实体而表现出来的一种艺术”的观点，建筑艺术是思想意识的东西。“它反映着社会的思想意识和精神面貌，但是它既服从于建筑功能的需要，又限制于

陈植在仔细审阅设计方案

陈植在指导青年同志

材料结构的性能。功能的合理、结构的合理，都对建筑艺术起重大的影响。”他举例说："摩天楼的形式反映着资本主义的社会思想意识，但是决定于资本主义的经济基础，是土地私有制的必然产物。由于美国大城市的中心地带，地价惊人，建筑不向高度发展就不可能使投资得到高的利润，同时摩天楼本身又为资本家的企业带来其有利的广告价值。”今天，许多城市建造摩天楼也是因为土地市场化后，投资商为了最大限度地提高建筑容积率，追求最大的投资回报和标新立异的广告效应。他还举例说："北京工人体育馆94米直径的功能要求，就不可能专凭人的主观意识而设计成为样板。""上海的曹杨新村和闵行一号路，不是设计者所能凭空创造的。又指出："人的主观意识亦只是客观存在的反映，我们既要肯定物质的根源性，又不能无视意识的能动性。我们承认在建筑设计中意识能动的作用，但是这个意识之由来，仍是基于人们在漫长的时期中所积累的建筑实践经验。如果说是人的思想意识决定建筑风格，那就等于承认知识与理论在先，行动与实践在后。这显然是错误的。”

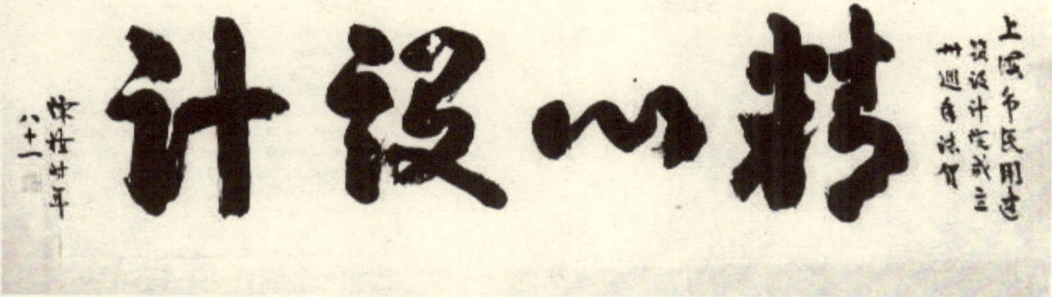

陈植为民用院题字

陈植曾留学海外，毕业后在外国的建筑事务所实习，他熟悉西方建筑学，知道其中许多优越性，但并不全盘接受西方的观点，他说："我们谈建筑艺术不是建筑就是艺术，谈建筑属于艺术的范畴是错误的，谈建筑风格属于艺术的范畴，这是正确的。因为建筑就有它艺术的一面。"陈植对建筑艺术的论述辨证而客观，对当年闭门造车、盲目抄袭国外建筑、固守中国民族形式的建筑创作的思潮给予了有力批判。

（2）建筑与人的关系

建筑起源于古人类，陈植谈道："为了适应各地区不同的自然条件和生活需要，他们曾创造各种不同形式的居住建筑。"奴隶社会产生后，统治者开始建造宫殿，以后又产生了坛庙、陵墓、苑圃等建筑。坛庙、陵墓虽然是供圣人、死人，但是它是活着的人一种精神寄托或一种哀思的表现。即使从以后社会出现的学校、店铺、作坊、工厂和戏院等不直接居住人，但是人们在这些建筑里读书、劳动和休闲。总之建筑是人们活动的主要场所，人们对建筑是最有感情的。

在阶级社会里，建筑还有阶级性。旧社会土豪劣绅、大地主、大官僚和大资本家住在朱门酒肉臭的大宅院、大洋房里，穷苦的劳动人民住的是简屋、棚户和滚地龙。建筑"在阶级社会里，它不仅作为生产资料和生活资料被剥削阶级所占有，而且是按剥削者的意图而创造，并为剥削者所御用，因此就反映着阶级性"。陈植院长说对建筑的阶级性这样的认识后，接着说："在我国，旧社会遗留下来的建筑物已在为广大的人民群众服务，但是由于毕竟是阶级社会的产物，不能原封不动地加以使用，因此有的已改变了使用的性质，

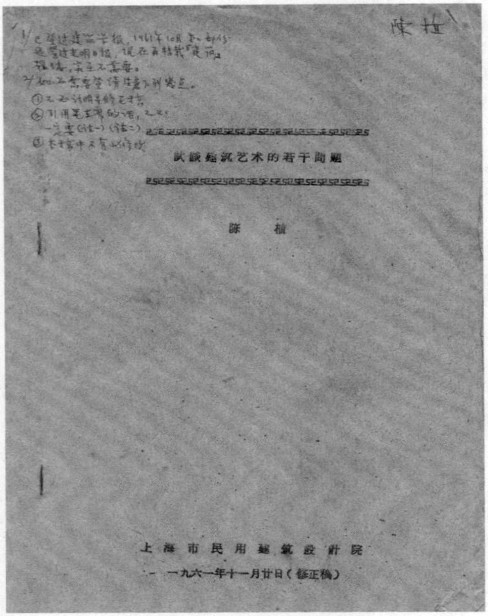

陳植

試談建筑艺术的若干問題

陈　植

上海市民用建筑設計院

一九六一年十一月廿日（修正稿）

陈植论文

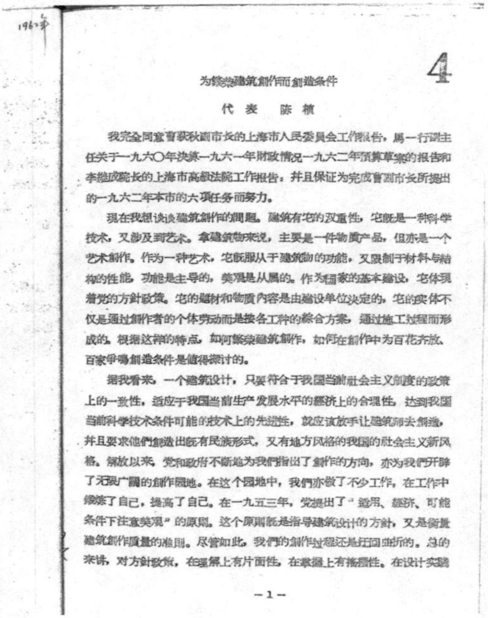

1962年

4

为繁荣建筑創作而創造条件

代表　陈植

我完全同意曹荻秋副市長的上海市人民委員会工作报告，馬一行副主任关于一九六〇年决算一九六一年財政情况一九六二年預算草案的报告和李继成院長的上海市高級法院工作报告。并且保证为完成曹副市長所提出的一九六二年本市的六項任务而努力。

現在我想谈谈建筑創作的問題。建筑有它的双重性，它既是一种科学技术，又涉及到艺术。拿建筑物来说，主要是一件物質产品，但亦是一个艺术創作。作为一种艺术，它既服从于建筑物的功能，又限制于材料与結构的性能，功能是主导的，美观是从属的。作为国家的基本建设，它体現着党的方針政策。它的题材和物質內容是由建设单位决定的，它的实体不仅是通过創作者的个体劳动而是按各工种的綜合方案，通过施工过程而形成的。根据这样的特点，如何繁荣建筑創作，如何在創作中为百花齐放、百家爭鳴創造条件是值得探讨的。

据我看来，一个建筑设计，只要符合于我国当前社会主义制度的政策上的一致性，适应于我国当前生产发展水平的經济上的合理性，达到我国当前科学技术条件可能的技术上的先进性，就应该放手让建筑師去創造，并且要求他們創造出既有民族形式，又有地方风格的我国的社会主义新风格。解放以来，党和政府不斷地为我們指出了創作的方向，亦为我們开辟了无限广闊的創作园地。在这个园地中，我們亦做了不少工作，在工作中鍛炼了自己，提高了自己。在一九五三年，党提出了"适用、經济、可能条件下注意美观"的原則。这个原則既是指导建筑设计的方針，又是衡量建筑創作質量的准則。尽管如此，我們的創作过程还是迂回曲折的。总的来讲，对方針政策，在理解上有片面性，在掌握上有搖摆性。在设计实踐

—1—

陈植1962年在市人代会发言

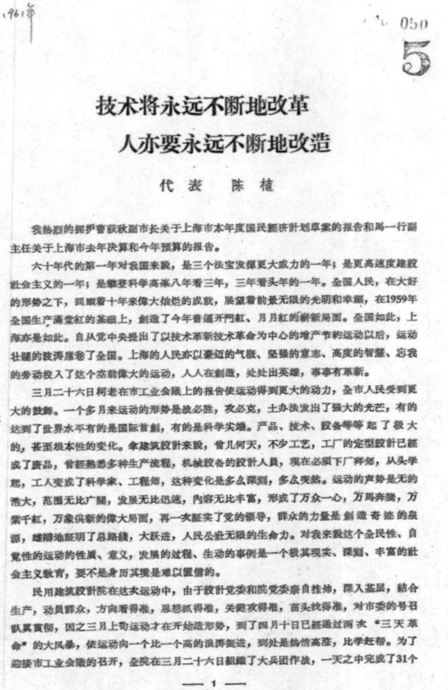

1961年

050

5

技术将永远不断地改革
人亦要永远不断地改造

代表　陈植

我热烈的拥护曹荻秋副市长关于上海市本年度国民經济計划草案的报告和馬一行副主任关于上海市去年决算和今年預算的报告。

六十年代的第一年对我国来說，是三个法宝发揮更大威力的一年；是更高速度建設社会主义的一年；是攀登科学高峯八年看三年，三年看头年的一年。全国人民，在大好的形势之下，回顧着十年来偉大灿烂的成就，展望着前景无限的光明和幸福，在1959年全国生产滿堂紅的基础上，創造了今年普遍开門紅、月月紅的嶄新局面。全国如此，上海亦是如此。自从党中央提出了以技术革新技术革命为中心的增产节約运动以后，运动壮闊的波涛席卷了全国。上海的人民亦以豪迈的气概、坚强的意志、高度的智慧、忘我的劳动投入了这个空前偉大的运动，人人在創造，处处出英雄，事事有革新。

三月二十六日柯老在市工业会議上的报告使运动得到更大的动力，全市人民受到更大的鼓舞。一个多月来运动的形势是战必胜，攻必克，土办法发出了强大的光芒，有的达到了世界水平有的是国际首創，有的是科学尖端。产品、技术、設备等等起了极大的，甚至根本性的变化。拿建筑設計来說，曾几何天，不少工艺，工厂的定型設計已經成了廢品，曾經熟悉多种生产流程，机械設备的設計人員，现在必須下厂拜師，从头学起，工人变成了科学家、工程師，这种变化是多么深刻，多么突然。运动的声势是无的浩大，范围无比广闊，发展无比迅速，內容无比丰富，形成了万众一心，万馬奔騰，万紫千紅，万象俱新的偉大局面，再一次証实了党的領导，群众的力量是創造奇迹的泉源，雄辯地証明了总路綫，大跃进，人民公社无限的生命力。对我来說这个全民性、自觉性的运动的性質、意义，发展的过程、生动的事例是一个极其現实、深刻、丰富的社会主义教育，要不是身历其境是难以置信的。

民用建筑設計院在这次运动中，由于設計党委和院党委亲自挂帅，深入基层，結合生产，动員群众，方向看得准，思想抓得准，关鍵攻得准，苗头找得准，对市委的号召认真貫彻，因之三月上旬运动才在开始造形势，到了四月十日已經通过两次"三天革命"的大风暴，使运动向一个比一个高的浪涛挺进，到处是热情高漲，比学赶帮。为了迎接市工业会議的召开，全院在三月二十六日組織了大兵团作战，一天之中完成了31个

—1—

陈植1961年在市人代会发言

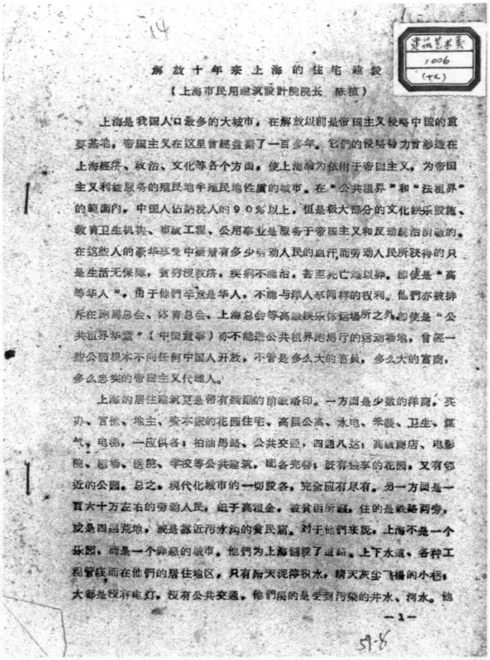

14

建筑艺术类
1006
(十X)

解放十年来上海的住宅建設

（上海市民用建筑設計院院长　陈植）

上海是我国人口最多的大城市，在解放以前是帝国主义侵略中国的重要基地，帝国主义在这里曾經盘据了一百多年。它們的侵略势力曾滲透在上海經济、政治、文化等各个方面，使上海淪为依附于帝国主义，为帝国主义利益服务的殖民地半殖民地性質的城市。在"公共租界"和"法租界"的範圍內，中国人佔納稅人的９０％以上，但是极大部分的文化娛乐設施、教育卫生机构、市政工程、公用事业是服务于帝国主义和反动統治阶級的。在这些人的豪华享受中凝着有多少劳动人民的血汗，而劳动人民所获得的只是生活无保障，貧穷沒救济，疾病不能治，甚至死亡难以葬。即使是"高等华人"，由于他們毕竟是华人，不能与洋人享同样的权利。他們亦被排斥在跑馬总会、体育总会、上海总会等高級娛乐体运場所之外。即使是"公共租界华董"（中国董事）亦不能进公共租界跑馬厅的运动場地，曾經一些公园根本不向任何中国人开放，不管是多么大的官員，多么大的富商，多么忠实的帝国主义代理人。

上海的居住建筑更是带有残酷的阶級烙印。一方面是少数的洋商，买办、官僚、地主、资本家的花园住宅、高层公寓、水电、采暖、卫生、煤气，电梯，一应俱备；柏油馬路、公共交通，四通八达；高級商店、电影院、剧场、医院、学校等公共建筑，配备完善；既有独享的花园，又有邻近的公园。总之，现代化城市的一切設备，完全应有尽有。另一方面是一百六十万左右的劳动人民，迫于高租金，被貧困所纏，住的是鐵路两旁，或是四週荒地，或是靠近污水沟的貧民窟。对于他們来說，上海不是一个乐园，而是一个罪惡的城市。他們为上海鋪設了道路、上下水道、各种工程管綫而在他們的居住地区，只有雨天泥濘积水，晴天灰尘飞揚的小巷，大都是沒有电灯，沒有公共交通。他們喝的是受到污染的井水、河水。他

—1—

59-8

陈植对上海十年住宅建设总结

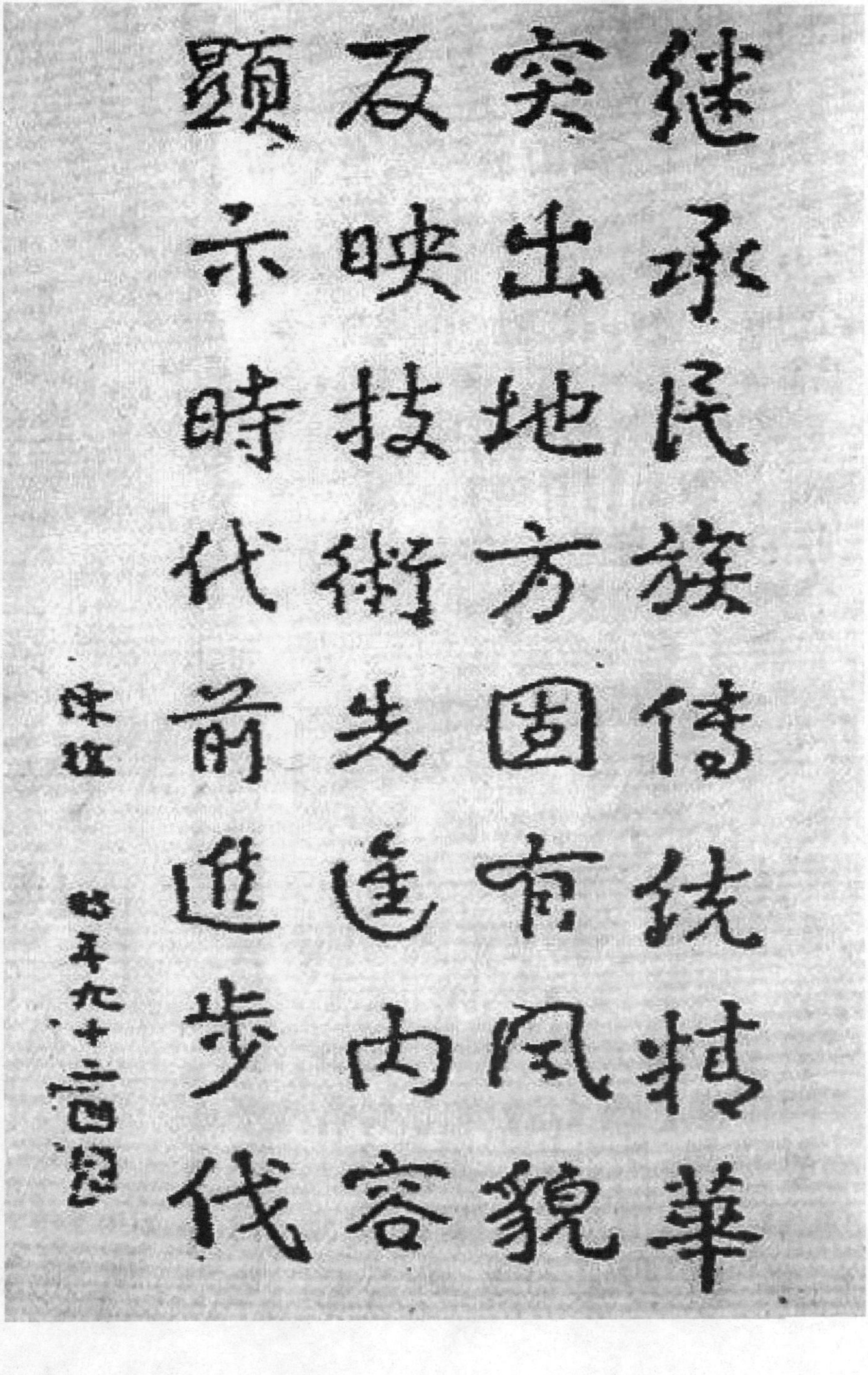

陈植题词

有的已经作了本质的改造。毛主席曾经说过：'旧形式到了我们手里，给了改造，加进了新内容，也就变成革命的为人民服务的东西了。'在明清两朝代表着帝王无上权威的天安门，它的封闭式的，气氛神秘森严的广场，现在已改造成一个开敞式的、具有欢腾景象、内容极其丰富、比例无比宏伟的政治性广场，象征着六亿五千万人的人民民主政权。"

陈植之所以要在这里谈建筑的阶级性，是要说明在社会主义的新社会里建筑的功能改变了，要"从创造生产上各种有利条件，保证工人健康出发，车间的阳光充沛，空气畅通，还有降温除尘，安全措施，车间之内即有生活间，车间之外还有俱乐部、食堂、托儿所、保健站等等，民用建筑中亦何尝不处处为人的工作、学习、休息、娱乐、集会创造最良好的条件。这些亦就是建筑功能中思想性之所在，是对人表现最大的关怀"。

陈植在1959年说："社会主义建筑的优越性最主要表现在建筑为人民所创，为人民所有，为人民所用。社会主义建筑不论在单体上、群体上或在城市整体上都是从一个观点出发：人是国家最大的财富。这就是社会主义建筑中的党性所在。"1959年陈植便有了如此高的觉悟和认识，确实令人佩服。

陈植不仅思想高瞻，而且将理论认识用于实践。1959年的上海闵行一条街和张庙一条街就是在他亲自领导下，规划设计成功的全国卫星城镇居民住宅区的样板，社会主义社会的劳动人民梦想的幸福家园在这里呈现了。陈植说："上海的闵行一号路和张庙大街的设计虽然还存在着缺点，但它的一种明朗、活泼、繁盛的气氛完全符合对人关怀的建筑内容，从而鼓舞了人们对社会主义建设的热情。"

（3）建筑艺术的要求

在我国社会主义制度下，建筑要体现对人的最大关怀。陈植认为："除了思想性外，内容亦包含着政策性和艺术性，政策性表现在功能中的建筑标准，指标定额上；在土洋结合、大中小结合、因地制宜，就地取材；在节约用地、造价、面积、材料上，在贯彻'适用、经济、在可能的条件下注意美观'的方针等方面。内容中的艺术性则表现在通过内外空间的合理组织而形成的一个美观的形体。没有这个形体，就没有建筑艺术创作的基础。"

如何贯彻"适用、经济、在可能条件下注意美观"的方针，陈植以为："三者既是辩证统一，又是主次分明。适用总是主导的，在满足适用的前提下，还必须要适合于我国当前的生产水平。至于可能条件下注意美观这个提法，本身就明确地把美观放在从属的地位。从发展来看，适用、经济、可能条件的美观的标准将不断提高，但是美观仍将处于从属地位。”

如何掌握在可能条件下的美观？“要看建筑的性质。”建筑物的“内容决定形式，形式服从内容，一定的内容必须采取符合它的形式，一定的形式就是为了适应它所表达的内容而产生。建筑的内容有它的两个方面，一是物质的内容，即功能的内容，就是各种生产性和非生产性建筑物，按其不同的性质和规模在使用上的需要；二是精神的内容，即思想的内容，就是一定的社会制度和时代的意识形态在建筑中的反映。功能的内容和思想的内容实质上是一件事的两个方面，功能体现思想性，思想修养在功能中”。他举例说：“在纪念性建筑物上，美观就成为一个极其重要的因素。”“建筑的美亦是相对的，它决定于一定的时间、地点和条件，时间上有时代之别，地点有大小城市、城市与郊区、山区、风景区之别，地理、气候之别，生活习惯之别；条件上有物质技术条件之别，建筑物性质之别。”

如何处理建筑形式与建筑风格？陈植认为：“建筑形式是一个建筑艺术形象，是建筑创作中的政治目的、技术手段和艺术技巧的综合体现。风格是建筑在不同历史时期、社会背景、不同民族、不同地区、不同材料结构通过艺术创作而形成的特征，它既与形式不能分割，又不能代替形式。不同材料、不同结构产生不同的形式，但亦可以产生同类的形式。”“不同形式可以有同一风格。我国的旧建筑在一个地区内，不论衙署、庙宇、庭院、住宅、店铺，由于建筑物的性质和功能不同，形式亦就不同。在江浙地带同是店铺，甚至酱园与药铺亦有特殊的形式，但是这些建筑物之间无可置疑地有类似的风格。”“同一形式亦可以产生多种的风格。一是由于时代的不同，如唐宋明清的宫殿庙宇形式相仿，但是唐的斗拱大、柱子粗、屋顶重，给人以一种雄伟的感觉；宋式斗拱较小，柱子较细，比唐精致秀美；明式清式是在宋的基础上发展的，柱与斗拱的关系趋于紧凑，但是明显简洁，清则近于繁琐。二是由于地区的不同，拿南方住宅来说，风格就有很显示的区别，湖南、湖北硬山装饰的丰富，云南的悬山出簷之深、悬鱼之别致，安徽的多木雕，广东柱廊下精巧石墩，这些都给人以一个极其易于辨别的地方标志。”对于建筑形式与建筑风格两者关系，陈植有着精辟的论点：“形式是风格之由来，风格是形式中的一种独特的标志。”

陈植用了很大的篇幅谈建筑形式与建筑风格问题，这不是空论阔论，而是要引入建筑的民族形式与地方风格的问题。他说：“我们天才的祖先给我们留下了一份极其丰

北京图书馆扩建工程方案

1975年9月陈植(一排左13)参加北京图书馆扩建工程设计工作会议(黄伟康提供)

富、美不胜收的遗产，要我们同新的科学技术，根据群众的喜爱去创造。创造新风格要绝对融会贯通，融合古今中外和我国各地区、各民族的建筑风格，既要吸收各地区的优秀传统，又不要使各地区的风格划而唯一。”他批评说：“目前在建筑创作中，对于继承和创造地方风格注意还不够的。各地区的设计，在风格上是一致多、区别少。”“我们必须反对盲目地模仿古的，生硬地抄袭新的。”“目前模仿的作风不是没有，古的不抄，亦要仿新的，会堂想仿全国人民大会堂，纪念碑想抄天安门的人民英雄纪念碑。我们不是说绝对不能仿，而是说不能生搬硬套，特别是规模不同、性质不同、地区不同，更不应该硬抄。”他从建筑专家的角度指出：“我国建筑上的优秀传统是无比丰富的，诸如空间组合的多变化，创造空间扩大感，善于借景，有机地配合自然环境，绿化配合的巧妙，风格的多样化，群体的多起伏，轮廓线的简洁，结构构体与装饰的结合、色彩的鲜明，艺术处理的有重点，细节处理的精致，以简洁、朴素的手法，普遍价廉的材料，获得最大的艺术效果等等，都是我国建筑宝藏之所在。我们应该很深入地加以观察，肯定并掌握它们的特点，从实际出发，根据我国当前的需要，具体条件的可能和人民群众的喜爱，批判地予以吸收，然后通过独立的思想进行创作。”

对于新材料、新结构与建筑风格问题也是陈植非常关注的问题。他说：“我认为新材料、新结构的出现，对新风格的形成带来了必然性。随着社会生产方式的发展，功能内容的要求越来越多，越来越高，是功能转而向材料和结构提出新的要求。这是一个方面，另一个方面，生产力的发展又使材料和结构对功能提供新的材料产品和结构形式成为可能。材料组成结构，结构构成形体，而建筑艺术的创造又是由形体出发。在材料与结构组成形体的过程中，建筑的艺术创作实际上已在开始。在创作风格的过程中，亦不是说形体的组成不能再加以调整，因此不能把结构构成形体这个事实说成为结构就此决定了风格。”新材料、新结构在层出不穷地出现，在向建筑风格提出新的要求，在为建筑设计创造开辟新的领域，我们必须面对这个事实。陈植认为：“我们必须接受他们，不能躲避他们。当然，接受要有条件，就是适应我国当前的需要和技术经济条件的可能。在艺术处理方面，我们不但要使它们具有民族形式，还要具有地方风格，使它们真正成为我们自己的东西。”对于新材料、新结构的“新”，陈植告诫我们不能盲目，他说：“我们所要的‘新’，必须是技术先进、条件可能、全面节约、施工便利的‘新’，更好的是就地取材、土中生洋的‘新’。”他反对为新而新：“小跨度使用壳体，摺板在用作雨棚，这不是为了结构需要，而是为了满足一种艺术的效果，不管价格高，供应量少，总想用些塑料、有机玻璃、钢化玻璃等等，凡此种种，都不是实事求是地作风。当然，在特殊的建筑中，可以用些特殊的材料，但是总要考虑条件的可能、经济的合理。”

陈植在全面而深刻地论述建筑艺术后，他总结了建筑艺术的要求："有六个方面：从政策出发，从功能出发，结合群体组合，结合自然环境，体现民族形式，体现地方风格。”

（4）繁荣建筑艺术的保证

繁荣我国建筑艺术、创作更多更好具有民族形式、地方风格的建筑作品，是时代赋予建筑师的责任，陈植等老一辈建筑师经过长期的探索，积累了极其宝贵的经验。他说："为了实现百花齐放，我认为应该进一步提倡个人创作。当然提倡个人创作不是说不要集体创作，而是说两者要很恰当地结合起来，鼓励以个人创作为基础的集体协作，发挥以集体创作为原则的个人作用。”

在当时的年代，建筑创作的个性化很差，千篇一律的兵营式住宅，火柴盒式公共建筑，建筑师稍有发挥，就会受到批判，说是资产阶级个人主义的表现。但是繁荣建筑创作，不发挥建筑师个人创作的天才和积极性显然不行。因此，陈植认为要抓住这个关键而又棘手的问题，毫不畏惧地提出要重视个人创作。

陈植提倡个人创作，目的是为繁荣我国的建筑艺术，为了实现百花齐放。他说："我们的创作必须从无产阶级的革命的功利主义出发，以广大劳动群众的利益为目的。在服从这一主导思想的前提下，每一个建筑师应该发挥其不同的专长和个性，这才能为建筑之不同形式、不同的风格的自由发展创造条件，为繁荣我国的建筑艺术提供保证。”

对个人创作与集体创作的关系，陈植认为："提倡个人创作不是说不要集体创作，而是说两者要很恰当地结合起来，鼓励以个人创作为基础的集体创作，发挥以集体创作为原则的个人作用。”"既要发挥集体主义精神，又要发挥个人的特长。”"发挥个性的同时，必须谦逊虚心，相互学习，共同探讨，自由争论。”无论是个人创作还是集体创作，"都得广泛地让群众提意见”，"个人创作不是脱离群众，闭门造车，固执己见，独自为之；集体创作不是你拼我凑，不加分析，人云亦云，只有民主，没有集中”。陈植整篇论文的主线是人。谈建筑与人，建筑师发挥个人创造性和走群众路线。在那个见物不见人的年代，是个重大的突破，直至今天还具有现实意义。

1982年后，已届高龄的陈植退居二线担任上海市建设委员会顾问，在参加上海铁路新客站、上海图书馆新馆、上海博物馆等重大工程方案评审时，反复表达了他的建筑设计理念。他在92岁时亲笔题写：

继承民族传统精华
突出地方固有风貌
反映技术先进内容
显示时代前进步伐

陈老一生从事建筑设计70载，在西学中他坚守着传统文化的精华，从未全盘西化地将欧美的建筑风格搬到他的建筑设计中；在古建思潮泛滥的时期，他大胆摈弃大屋顶，而是有选择地吸收我国古代建筑风格中的闪光点。他的建筑设计思想是辩证的、客观的，也是他一生不断探索、不断实践的结晶。直到今日，这一字一句仍是我们年轻一代建筑师建筑设计的座右铭，亦是在建筑历史长河中沉淀下的宝贵精神财富。

晚年生活

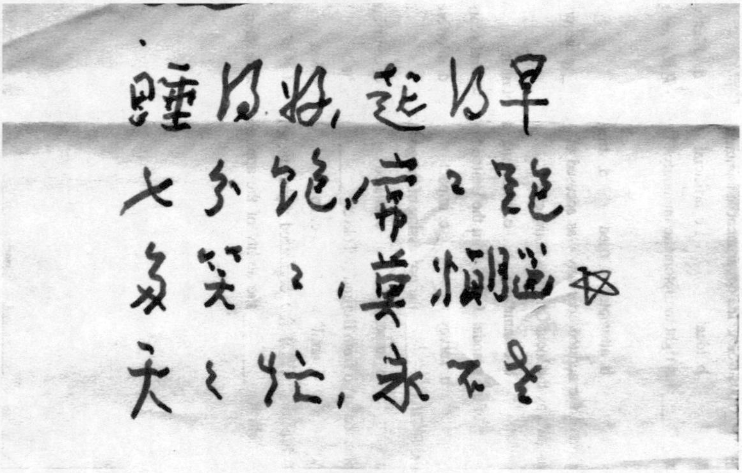

陈植健康格言

睡得早，起得早；
七分饱，常常跑；
多笑笑，莫烦恼；
天天忙，永不老。

这是陈老的健康格言，他是中国第一代建筑师中最长寿者之一，他的长寿想必与这24个字有关。字里行间都透露着他不服老，好运动，乐观向上的精神头。因此，陈老晚年依旧活跃在建筑事业的前沿，关心国家的建设、心系上海的发展；乐于奉献与助人；以画会友，交流感情；爱妻教子，情深意切。

陈老出身书香门第，从小受到祖父、父亲的绘画熏陶，不仅喜爱书画，也好收藏名家字画与古玩，曾收得几件佳品。那年，他81岁高龄，说起来正是在家欣赏、把玩佳品之时，但也就在那时，陈老割爱将自己多年收藏的宣德御制款刻十八罗汉铜臂搁1件、清代赵之谦书蓝洲上款字对1幅，捐赠上海博物馆。在他看来这些都是国家的财富，贡献社会才是其最好的归宿。博物馆收到赠品后，非常高兴，专门写了一封表扬信，称赞陈老“发扬爱国主义精神，舒可嘉尚”。

说到奉献，不得不让人钦佩陈老的一片诚挚助人之心。1995年3月，已是93岁高龄的陈老看到上海社会团体发起“助养特困老人”基金的消息后，他毫不迟疑地取出自己的积蓄捐给基金会，以示对老人间的一份互助之情。1998年长江流域爆发百年不遇的特大洪水，全国有29个省（市，区）遭受不同程度的洪涝灾害，老百姓的房子被洪水淹没，庄稼被吞噬，就在全国人民众志成城抗击洪灾的日子里，病榻前的陈老，看到电视里那一幕幕灾民流离失所的悲惨景象，他的心也痛，毅然决定捐款3 000元给民政局，为灾民出一份绵薄之力。此时的他，其实正是需要他人关心、护理的时候，但他一心想着如何尽力去帮助他人，也许是老人更懂得生命可贵的缘故。

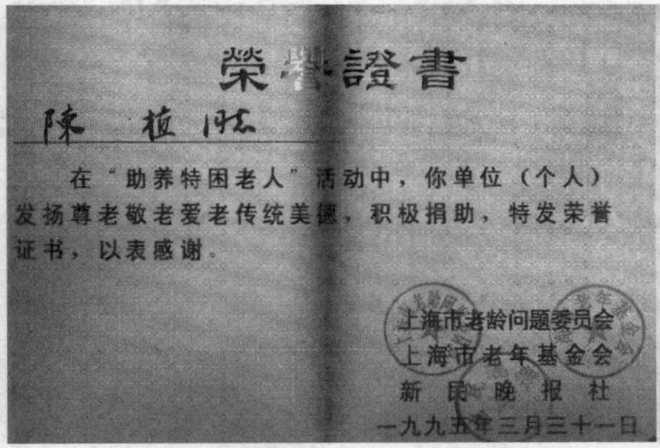

榮譽證書

陈 植 同志

在"助养特困老人"活动中，你单位（个人）发扬尊老敬老爱老传统美德，积极捐助，特发荣誉证书，以表感谢。

上海市老龄问题委员会
上海市老年基金会
新民晚报社
一九九五年三月三十一日

陈植捐款助养特困老人

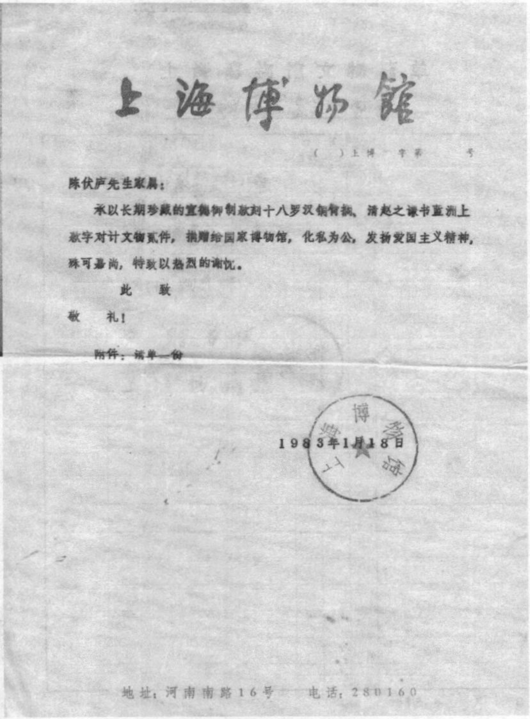

上海博物館

（　）上博　字第　　号

陈伏庐先生家属：

承以长期珍藏的宣德御制款刻十八罗汉铜香炉、清赵之谦书直洲上款字对计文物贰件，捐赠给国家博物馆，化私为公，发扬爱国主义精神，殊可嘉尚，特致以热烈的谢忱。

此　致

敬　礼！

附件：清单一份

1983年1月18日

地址：河南南路16号　电话：280160

上海博物馆感谢信

感谢信

陈植

在今年长江流域大面积遭受洪涝灾害之际，我们收到了你（们）向灾区人民的慷慨捐助人民币叁仟元正 谨代表市人民政府和灾区人民表示衷心的感谢！

上海市民政局
一九九八年九月 日

陈植1998年捐水灾款

姓　名 陈植
性　别 男
年　龄 七十五
选举单位 上海市
第 1317 号

全国人民代表大会常务委员会
一九七八年二月　日

陈植75岁人大代表证

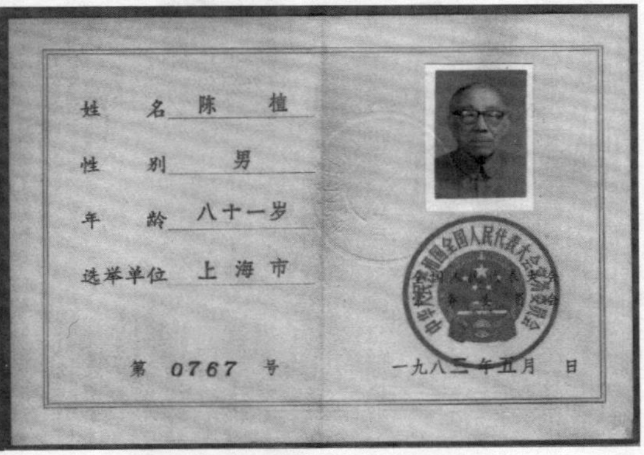

姓　名 陈　植
性　别 男
年　龄 八十一岁
选举单位 上　海　市
第 0767 号
一九八三年五月　日

陈植81岁人大代表证

晚年的他还热心议政，曾是全国人大第三至第六届代表，当我们看到他代表证上写的年龄，禁不住肃然起敬，这么大年龄还在参与国家大事的讨论，发挥自己的余热，实属不易。他曾与复旦大学苏步青教授等10多位知名人士在六届四次全国人大会上提交1161号建议，提了还不算完，1987年他跟踪建议的处理情况，事后特致信给北京市人民政府，信中提道："天安门广场是政治的广场，绝对不应安置广告性、庸俗性的霓虹灯，从而损害广场宏伟和庄严的气氛。"北京市政府回复后，他仍感不满意，又去信："来复中所言五次更易设计方案，显然是在装霓虹灯的先决条件下进行设计比较，根本不是装与不装霓虹灯的严肃论证。所谓广泛征求各方面专家意见，根据我所知，全国闻名的建筑和城市规划专家，如城乡建设部顾问戴念慈、部长叶如棠、城乡部规划局顾问郑孝燮、清华大学教授吴良镛（中科院学部委员）、汪坦、朱畅中、北京市建筑设计院总建筑师张镈、张开济、刘开渠等事先又本不知其事，这并未闻市府向其征求意见。为此，拟请将'广泛征求专家的意见'的情况具体示如，对全国人大代表的建议，仅笼统地提供答复，似嫌不足。"信的最后格外郑重地说："事关维护全国人民向往的天安门的政治性和严肃性，切盼北京市府对全国人大代表的建议郑重地予以考虑。"可见陈老作为全国人大代表，不仅是热心议政，还十分认真、负责地对待这份人民给与的权力，履行着对政府的监督职责，正是这种严肃的态度，促使政府部门认真、慎重地为民办事。2011年12月，笔者去北京出差，还专程去了天安门广场，那里没有丝毫霓虹灯的浮光魅影，建筑氛围依然保持着庄严和肃穆，我等庆幸："我们可以告慰九泉之下的陈老，您当年关于反对天安门装广告和霓虹灯的建议，北京市政府已经采纳，您当年的直言不讳维护了一国之都的庄重形象。"

上世纪80年代，改革开放的浪潮一浪高过一浪，各地大搞建设，一座座建筑雨后春笋般拔地而起，一些是在荒地、农田中起来的，而一些则是在拆除了原有房屋基础上建起来的。在市场经济冲击下，人们大都关注于建筑如何现代，如何时尚，如何实用。上海作为一座历史文化名城，解放前的许多优秀近代建筑或年久失修被人遗忘，或被擅自改造，牵强附会地转变原有的建筑功能。陈老见状，在全国人大会议和其他各种场合呼吁加强近代优秀建筑的保护。仅是多方制造舆论，引起大家重视还不够，1987年，85岁高龄的他，亲自走访、调查了上海20余处近代公共建筑、学校、教堂和住宅，也不顾及自己的身体，跟年轻人一样攀上爬下，深入现场，为那些历史建筑做诊断。调查发现有的建筑损毁严重，有的建筑被违章搭建弄的面目全非，有的建筑挪作他用，这些让陈老心痛不已。

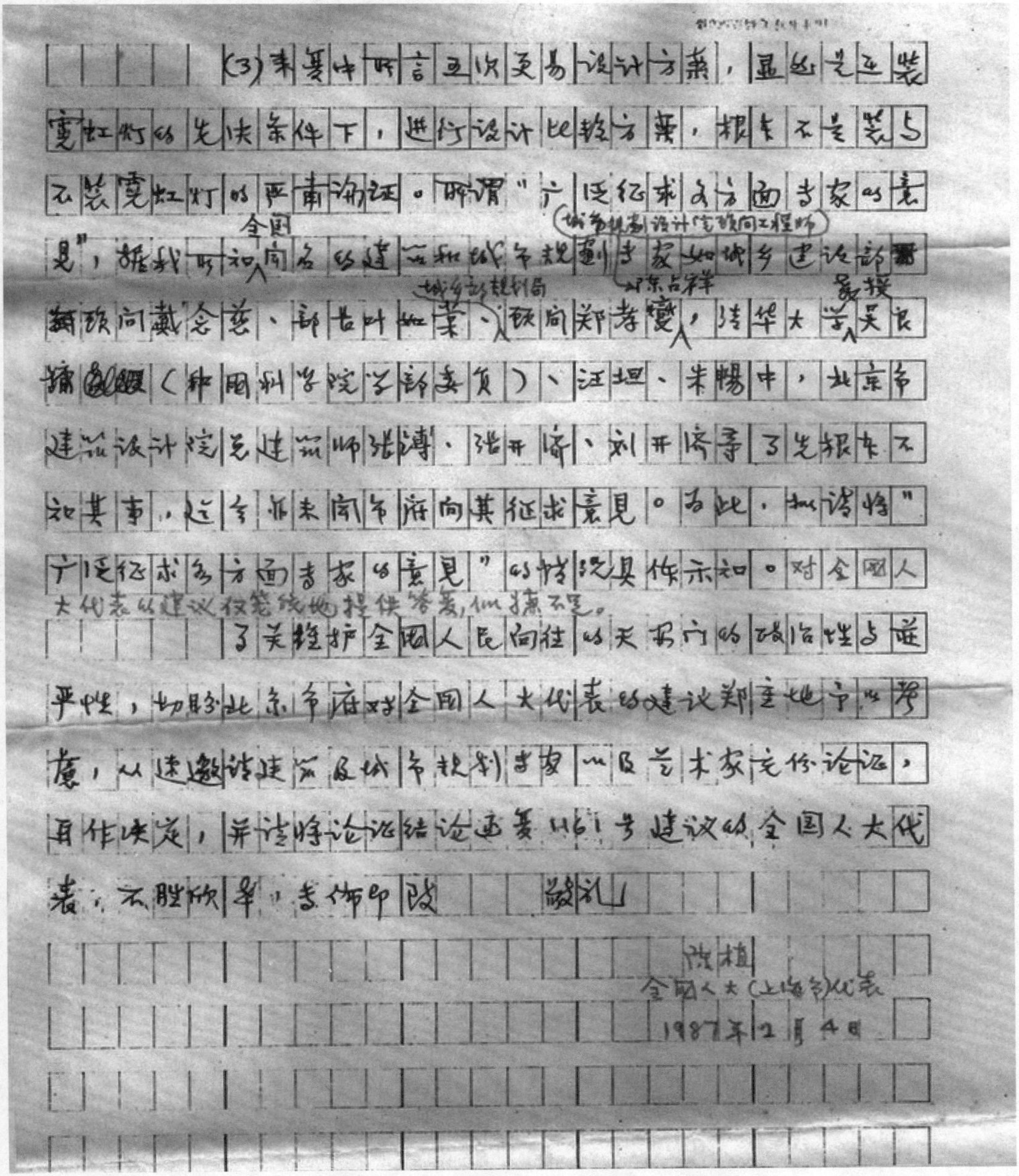

（3）来函中所言五次更易设计方案，虽然是在装霓虹灯的先决条件下，进行设计比较方案，根本不是装与不装霓虹灯的严肃论证。所谓“广泛征求各方面专家的意见”，据我所知全国知名的建筑和城市规划专家如城乡建设部顾问戴念慈、部长叶如棠、城乡部规划局顾问郑孝燮和城乡规划设计院顾问工程师陈占祥，清华大学教授吴良镛（中国科学院学部委员）、汪坦、朱畅中，北京市建筑设计院总建筑师张镈、张开济、刘开济等事先根本不知其事，迄今亦未闻市府向其征求意见。为此，拟请将“广泛征求各方面专家的意见”的情况具体示知。对全国人大代表的建议仅笼统地提供答复，似殊不足。

为了关注维护全国人民向往的天安门的政治性与庄严性，切盼北京市府对全国人大代表的建议郑重地予以考虑，从速邀请建筑及城市规划专家以及美术家充分论证，再作决定，并请将论证结论函复1161号建议的全国人大代表。不胜欣幸，专此即颂 敬礼

陈植
全国人大（上海市）代表
1987年2月4日

陈植代表致北京市政府信

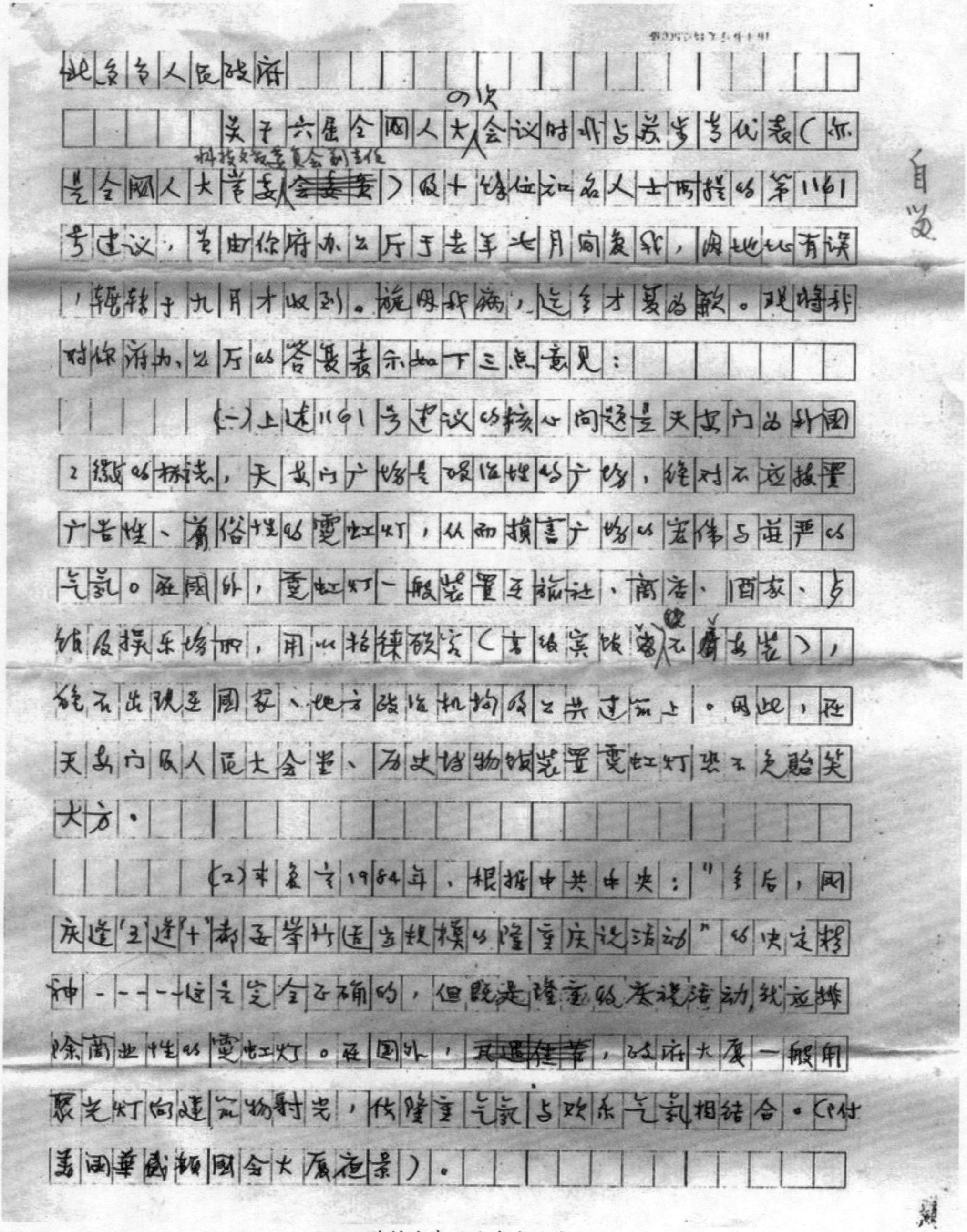

北京市人民政府

关于六届全国人大二次会议时我与苏步青代表（你是全国人大常委、科技文教委员会副主任）及十余位知名人士所提的第1161号建议，首由你府办公厅于去年七月间复我，因地址有误，辗转于九月才收到。旋因我病，迄今才复为歉。现将我对你府办公厅的答复表示如下三点意见：

（一）上述1161号建议的核心问题是天安门的外围之饰的拆迁，天安门广场是政治性的广场，绝对不应设置广告性、庸俗性的霓虹灯，从而损害广场的宏伟与庄严的气氛。在国外，霓虹灯一般装置在旅社、商店、酒家、舞馆及娱乐场所，用以招徕顾客（高级宾馆也不安装），绝不出现在国家、地方政治机构及公共建筑上。因此，在天安门及人民大会堂、历史博物馆装置霓虹灯恐不免贻笑大方。

（二）来年是1984年，根据中共中央："今后，国庆逢'五'逢'十'都要举行适当规模的隆重庆祝活动"的决定精神——这是完全正确的，但既是隆重的庆祝活动，就应排除商业性的霓虹灯。在国外，~~凡遇佳节~~，政府大厦一般用聚光灯向建筑物射光，使隆重气氛与欢乐气氛相结合。（附美国华盛顿国会大厦夜景）。

陈植代表致北京市政府信

保护上海近代建筑刻不容缓

陈 植

国务院批准上海列为国家历史文化名城已一周年了。青浦县福泉山的考古发掘证明上海的历史可追溯到六千年前的马家浜历史时期，因此对历史文化名城的称号上海是当之无愧的。古寺、古塔、古园遍布于上海，荟萃于松江、嘉定、青浦、上海等县。国家级及市级的革命文物保护单位共55处，区县级的23处。近代建筑更是范围广、数量大、类别多，丰富多采，形成一个全国无双的“万国建筑博物馆”。

从金陵东路建于1895年的原法国领事馆，延伸至苏州南路建于1873年的原英国领事馆，长达1.2公里的建筑带是1843年上海开埠以来帝国主义侵略的历史见证，亦是中外闻名，代表上海风貌的滨江线，自南至北展示着领事馆、海关、银行、“总会”、旅馆、洋行、报社、办公楼等。这些建筑物各具特色，组成了鳞次栉比，姿态多变的外滩轮廓线。现在已不能再称之为天际线因为已耸立着联谊大厦和电管局调度大楼。据了解，法国领事馆原址已在设计一座一百米高的大厦，惋惜之余，切盼号称为上海独特标志的外滩建筑带不再被损害或割裂。中山东一路向西则可分层次地将高度逐级提升。这有待于规划部门深思熟虑，审慎从事，民主论证，然后由市府根据结论予以批准，由市历史文化保护机构严格执行。

最近我连续调查了近二十处的十九世纪中叶至二十世纪三十年代的若干建筑物，计有公共建筑、学校、教堂、俱乐部、花园住宅。目的是从保护角度出发，了解其环境及使用中的破损情况，其中有保护较好的，如上海工艺美术研究所、上海海关专科学校、上海政法学院等；有易于修复的；有较难补救的；有损毁严重回生乏术的。令人兴奋的是政法学院面目焕然一新。几年前，我目睹该址由六个单位共同使用，校舍失修，

—1—

拥挤不堪。学院的党委以身作则，长年在帐篷内办公。现在其他单位均已迁出，全部整修，恢复了原圣约翰大学的面貌。另一值得称道的是外滩的信号台，因建地铁隧道受到影响，由隧道部门支付三十余万元，采取加固措施。这种爱护建筑物的负责精神值得发扬。

这次所见情况首先是环境破坏。新华路是虹桥路以外花园住宅最集中的地区，现在一般是见缝插针，仅举三例为证：一是紧贴231号英国式住宅的西端建有两栋六层工房；二是179号与185弄一号东南角建有工房；三是211弄一号西班牙式住宅之东建有一长条三层楼房，原为部队病房，现住居民。更为突出的例子是延安西路生物制品研究所，五十年代中期，由有关方面将番禺路出入的孙宅及原哥伦比亚乡村俱乐部拨归研究所使用。两者均为西班牙式，秀挽典雅，浑然一体，现在保护尚好，惜前者紧贴北墙已建三层厂房，后者毗邻的原健身房为西班牙巴洛克式，在上海属于罕见，现用作培养基车间，西与北被厂房包围。南面的室外游泳池已成污水坑，池的四周曾是绮丽明快的西班牙式柱廊，南廊与东廊已部份拆毁。我曾在该研究所未兴建前，几次呼吁保留这一俱乐部，划予体委或对外开放，未得采纳。

南市的圣方济各堂建于1853年，是中国第一座天主堂，面向董家渡路，播首绿化丰茂。1974年临路建成四层的上无17厂，教堂已被全部遮挡，只能由过街楼出入。教堂之东，又于1985年建成六层厂房。襄阳路新乐路转角的东正教堂建于1931年，南面曾有花园，现被港务局占用，新建的十五层高楼已将竣工。衡山路原美童公学建于1932年，是除福州路原美国总会以外仅存的美国殖民地式建筑，现由某研究所使用。沿衡山路的原教学大楼保护较好，大楼南端新建的海鲜大酒家则与环境完全失调。大楼后面的原学生宿舍左右均建有几栋密集的低层建筑。

其次是使用上的破坏。我所见的住宅外部搭建与改装业不普遍，亦易

—2—

于修复；居住拥挤则使内部面目全非。新华路211弄一号住有10户，231号住13户。因改变用途内部受损的有新华路315号商一局疗养院，延安西路1474号纺织局第三医院、虹桥路2310号上棉25厂疗养院。

董家渡路天主堂北端被邻厂占用，使原十字形教堂成为T字形。圣三一教堂建于1869年，面临江西中路，位于汉口路九江路之间，堪称上海最宏伟的基督教堂，现为黄浦区政府会堂，教堂外部已经修缮，内部则拱顶已改为吊平顶，并建有放映室。至于教坛上的彩色拼花玻璃窗已全部破坏，传说以银两万两购置的大型竖管风琴已荡然无存。教堂外东北角的大尖塔及附属的四个小塔已于十年动乱期间拆毁。襄阳路东正教堂由区房管局租予仪表局电真器件研究所，内部已分隔成各种仓库，成了大型堆站。

最触目的破坏是汾阳路77号的大住宅，现被第三分析仪器厂搭建改建，杂乱不堪，北、南、西又在新建二至三层厂房，绿化被蚕食殆尽，现已无存，环视四周，感叹不已。在这一宁静的文化街有上海教育学院、上海音乐学院、上海海关专科学校、上海工艺美术研究所，其中竟出现这样一个“奇观”，建设单位与有关管理部门应该深思，引以为戒。

在此，我情不自禁地要提一下文艺复兴式的原法国总会。它建于1921年，曾是上海中心区三个“最”的西侨俱乐部，占地面积最大，内容最全，绿化最多（即使在南面原东华足球场未并入以前），远胜于原上海总会（现东风饭店），原美国总会（现市高级中级法院），原犹太总会（现联谊俱乐部），原德国总会（位于外滩中国银行现址）。它在建筑上享有较高的评价，在上海近代建筑史中有一定的地位。现在拆去了室内游泳池，整幢建筑物将附属于新建的花园饭店，作为裙房文艺复兴式与盒子式生硬地捏成一体，破坏了原建筑物的风姿和城市的景观。

—3—

上海展览中心建于1955年，但事实上已是一个保护单位。在延安中路东西两翼的柱廊上，双柱之间均夹有广告牌，商业气氛浓厚，损害了建筑物的风貌，失去了公共建筑应有的气息。靠铜仁路盖了一长条的三层楼房，类似厂房，与展览馆的建筑形式格格不入。南京西路部份是市人民代表大会的会堂，亦是举行盛大宴会的场所，应保持它的庄严性，但东面的柱廊竟有四跨用砖砌实，充作临时办公。南京西路出口的西侧又搭建了“西角亭餐厅”的入口，体积超过这餐厅的需要，再加以装饰庸俗，完全侵蚀了南京西路北立面的协调性整体性。凡此种种使人们对上海的文化素养产生疑问。

以上只是三天内调查若干建筑物的实况。对于这些不同程度的破坏如何修复保护，存在很多问题，诸如动员用户迁徙，落实维修经费，确保原建筑风格，修竣后合理地改变用途等等。

上海被批准为国家历史文化名城对上海是一个极大的荣誉，对全上海人民是莫大的鼓舞。如何忠实地保护这一名城是发扬上海六千年的悠久传统，表达上海历史文化的纵深感，体现上海人民的文化素质，确保上海作为国际性城市的声誉的试金石。由于涉及面广，情况复杂，因之任务艰巨，工作繁重。对此，我建议：广为宣传，唤起舆论；建立机构，分设专业；深入调查，详列项目；全面规划，确保重点；区别对象，落实措施；制订法规，严格执行。

1988年2月2日

—4—

陈植《保护上海近代建筑刻不容缓》发言稿

聚精会神绘制扇面

陈植与夫人合影

陈植夫妇和孩子们合影

陈植为夫人画荣华富贵扇面

1987年12月28日，陈老在纪念国务院公布上海市列为国家历史文化名城一周年的座谈会上，将他实地调研后奋笔疾书的《保护上海近代建筑刻不容缓》全文宣读，对于如何保护这些建筑，他语重心长地说道："上海被批准为国家历史文化名城对上海是一个极大的荣誉，对全上海人民是莫大的鼓舞。如何忠实地保护这一名城是发扬上海六千年的悠久传统，表达上海历史文化的纵深感，体现上海人民的文化素质，确保上海作为国际型城市的声誉的试金石。由于涉及面广，情况复杂，因之任务艰巨，工作繁重。对此我建议：广为宣传，唤起舆论；监理机构，分设专业；深入调查，详列项目；全面规划，确保重点；区别对象，落实措施；制定法规，严格执行。"

陈老晚年也爱寄情山水，以画会友。1987年是陈老清华学校校友庄俊建筑师百年华诞之际，为表对这位长者的祝寿之情，陈老想以茂密苍劲的松柏寓意庄老身健益寿。因上了年纪，握笔难免力乏，陈老为画得一幅满意之作，他先画习作，开始几稿总觉图面太小，松柏的表现力不够。之后几日一直构思如何成画，又不断改进习作，方才成画，并在画上题写"乔柯健幹 达卿师父百岁华诞"。

同济大学的王季卿教授是陈老当年在之江大学的学生，1985年他去看望陈老时，曾索求陈老墨宝。怎耐那时陈老体弱多病，一时难有画作马上复约，只得先回信王季卿，"病缠我身，难以动笔，手抖"，"嘱我作书，则右膀更不听指挥"。但学生之托，他记挂在心，待身体稍有恢复，便起身挥毫，作了一幅红梅画。

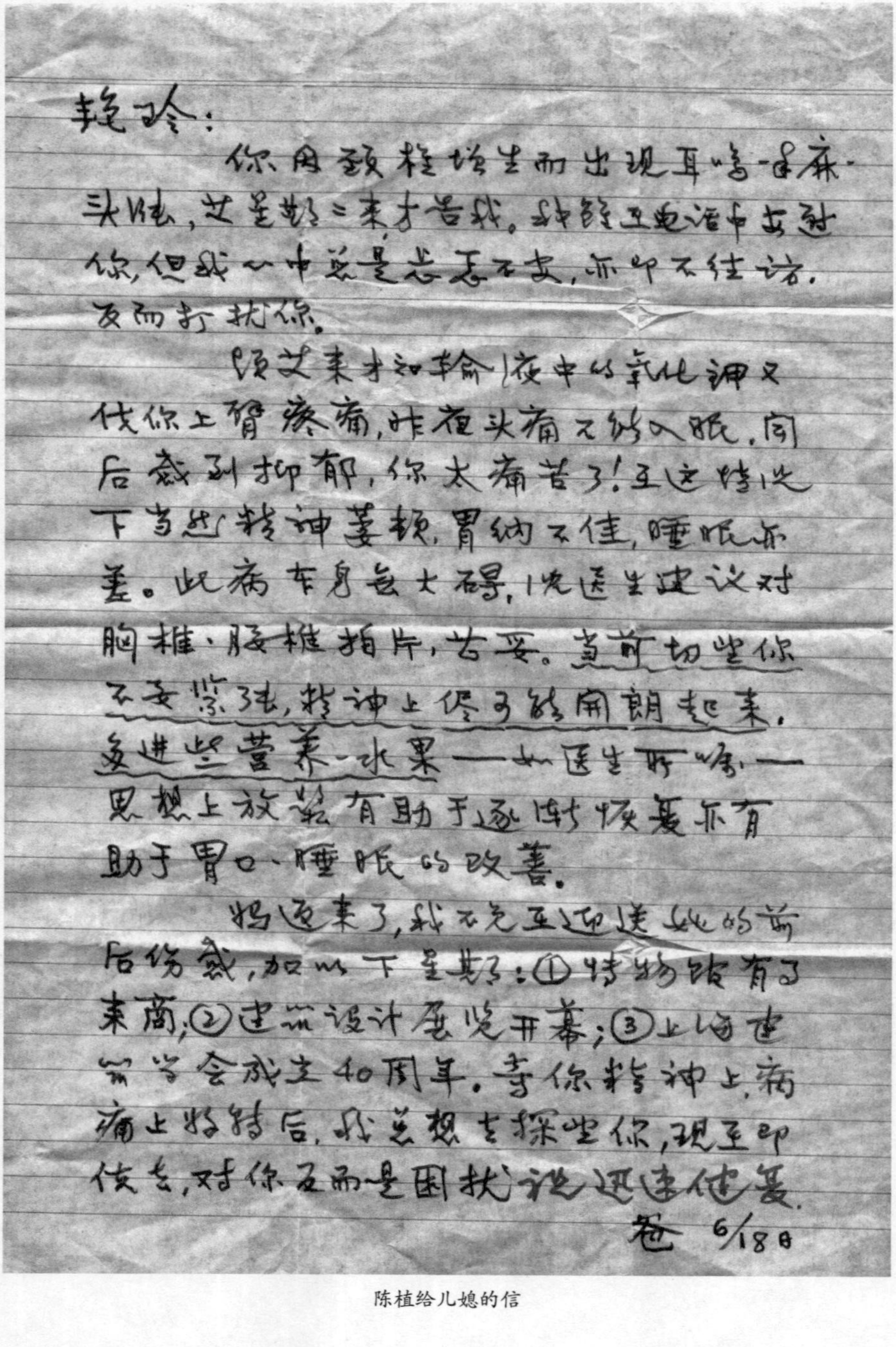

艳玲：

你因颈椎增生而出现耳鸣、手麻、头晕，过星期二来才告我。虽能在电话中安慰你，但我心中总是忐忑不安，仍即不往访，反而打扰你。

顷艾来才知输液中的氧化钾又伤你上臂疼痛，昨夜头痛不能入眠，同后感到抑郁，你太痛苦了！在这情况下当然精神萎顿，胃纳不佳，睡眠亦差。此病本身无大碍，医生建议对胸椎、腰椎拍片，亦要。当前切望你不要紧张，精神上但可能开朗起来，多进些营养、水果——如医生所嘱——思想上放松有助于逐渐恢复亦有助于胃口、睡眠的改善。

妈逝来了，我不免要迎送她的前后伤感，加以下星期：①特物馆有了来商；②建筑设计展览开幕；③上海建筑学会成立40周年。当你精神上病痛上好转后，我总想去探望你，现在即使去，对你反而是困扰。祝迅速康复。

爸 6/18日

陈植给儿媳的信

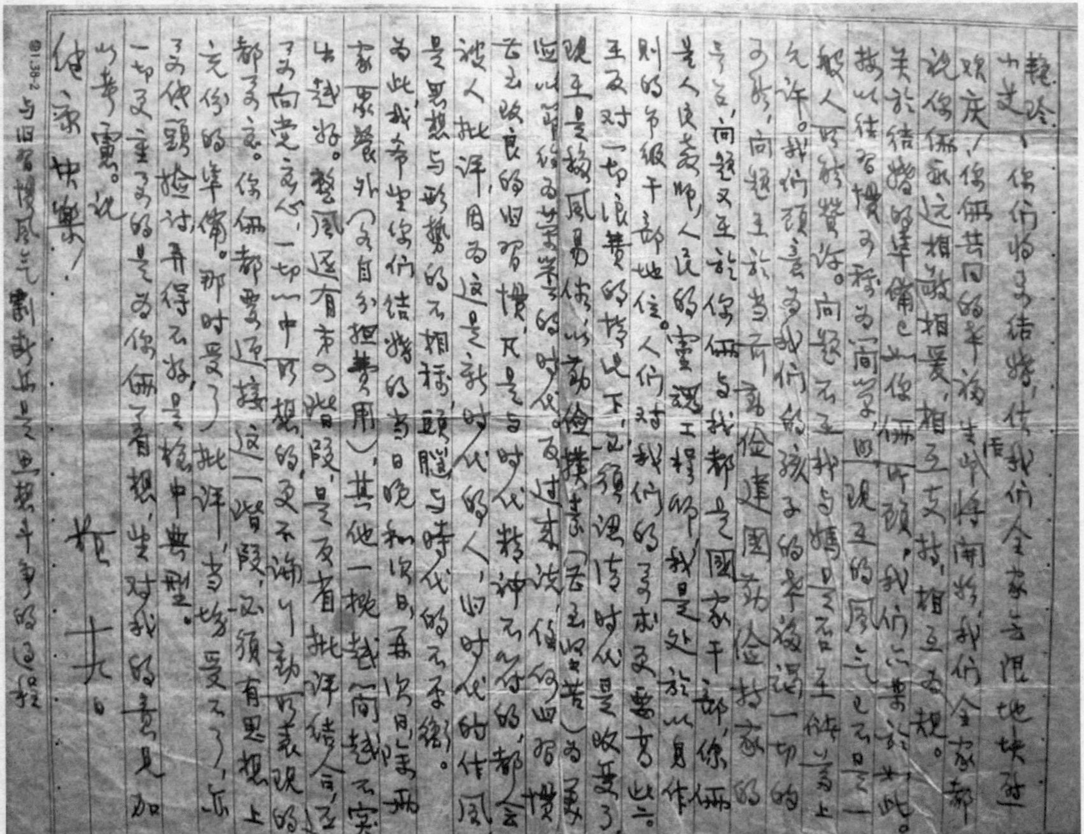

艳珍、小芝：

你们将要结婚，使我们全家无限地快乐欢庆！你俩共同的幸福生活将开始，我们全家都祝你俩永远相敬相爱，相互支持，相互为规。

关于结婚的准备，已得你俩同意，我们亦甚赞此。按以往习惯可称为"简"，但现在的风气已不足一般人所赞许。问题不在我与妈是否能允许。我们愿意为我们的孩子的幸福设想一切的了解，问题在于当前勤俭建国勤俭持家的号召，问题又在于你俩与我都是国家干部，你俩是人民教师，人民的灵魂工程师，我是处于以身作则的高级干部地位。人们对我们的要求更高些，甚至对一切很琐碎的事也不放松，必须深思，时代是改变了，现在是移风易俗，以勤俭朴素（去掉奢侈）为美，[illegible]的时代已过去了，[illegible]的旧习惯，凡是与时代精神不相合的，都会被人批评，因为这是新时代的人，旧时代的作风，是思想与形势的不相称，头脑与时代的不平衡。

为此我希望你们结婚的当日晚和次日，再次日，假期两家团聚外（不自己担负费用），其他一概[illegible]越好。整风运动有[illegible]阶段，是[illegible]批评结合，这都要注意。你俩都要迎接这一阶段，必须有思想上充分的准备。那时受了批评，当场受不了，[illegible]一切以中心[illegible]的，更不谈[illegible]的表现的[illegible]检讨并得不好，是检讨中典型。

一切更重要的是为你俩了着想，生对我的意见加以考虑。祝

你俩快乐！

植 廿九日

与旧习惯风气割断是思想斗争的过程

陈植给儿媳的信

陈植与庄俊等友人合影

儿子艾先、外甥女小果与陈植在双庆活动上

陈植为艾先大女儿结婚时画的画

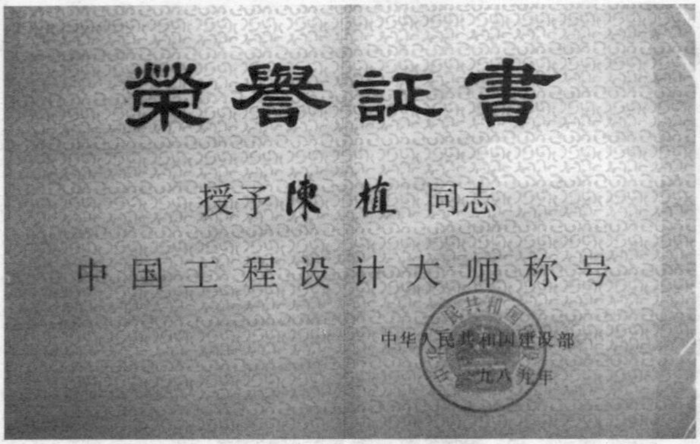

设计大师证书

陈植为同济大学城规学院中庭题名

陈植在家里

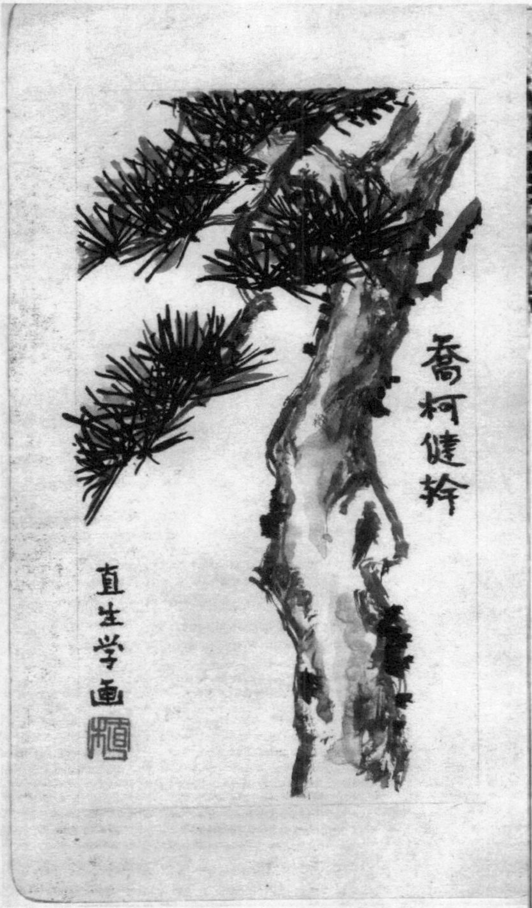

乔柯健干习作

1987年 陈植作松柏画向庄俊祝寿

陈植在家讨论鲁迅纪念馆改建方案

陈植与友人合影

陈植（左三）与上海建筑学会领导成员在一起

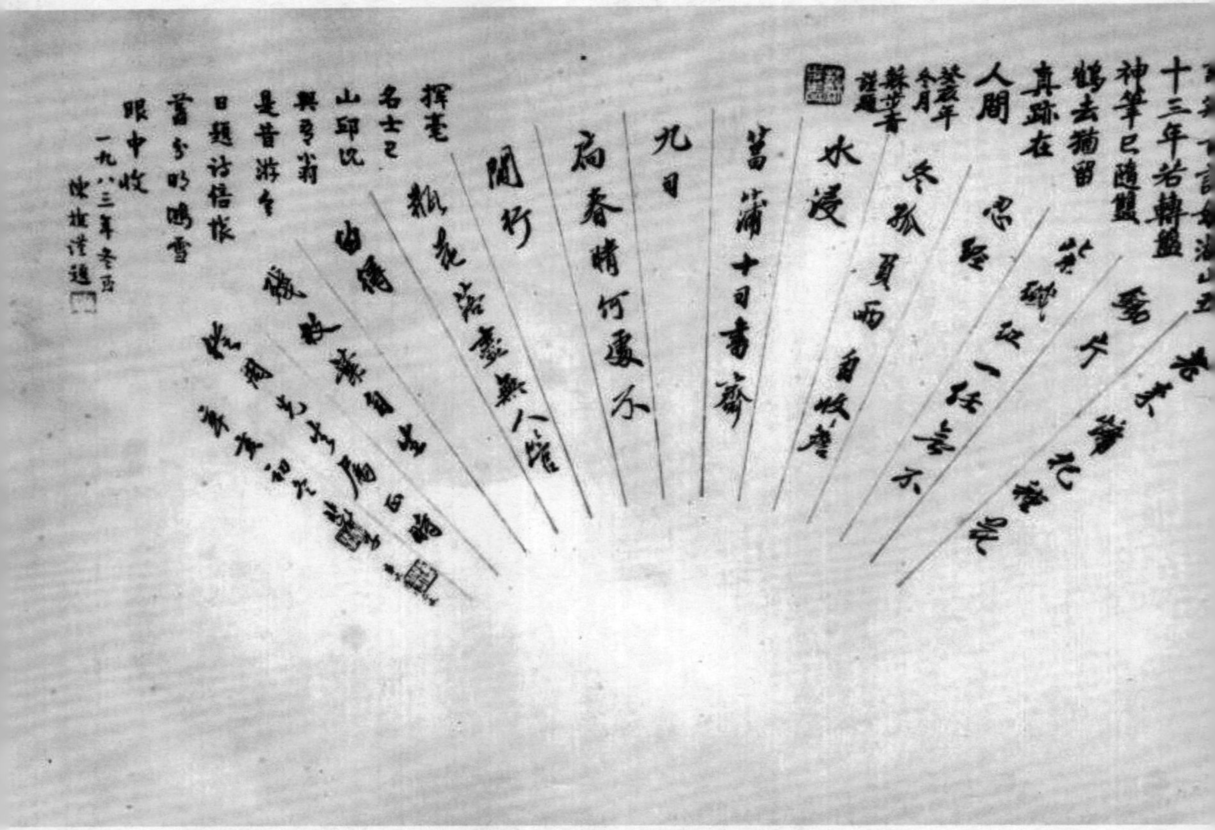

陈植、陈从周、苏步青合作扇面

陈植与唐云、陈从周合影

陈植与南京林业专家陈植见面

陈植与剧作家黄佐临合影

陈植与庄俊、赵祖康晚年聚会在一起

陈植和钱学中、魏敦山在一起

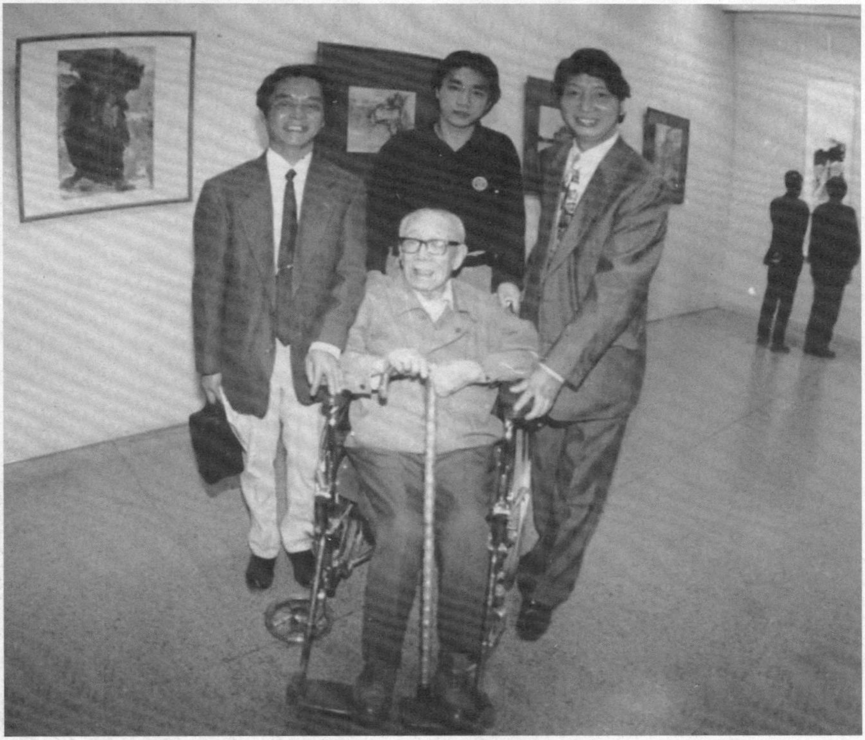

邢同和、何善权搀扶着陈植参观画展

下表係上海的主要建筑设计机构，摘自1933及1935年的《费信工商行名录》Credit Men's Business Directory，按行名次序中的A-B-C排列。（其中纯系地产业的已删去）

①

爱兰德有限公司 ALGAR & Co. LTD.（英）（建筑·测量·地产）
E. H. ADAMS, A.R.I.B.A（英国皇家建筑学会会员）
• 華蓋建筑师事务所 ALLIED ARCHITECTS - SHANGHAI
1888-1978 SHEN CHAO 赵深 B. CHIM CHEN 陈植 1902- M.ARCH.
1900-1983 CHUN TUNG 童寯（三人均宾夕法尼亚大学建筑硕士）
普益地产公司 ASIA REALTY Co.（美）（建筑设计·地产）
B. J. BASIL, F. SHAFFER
通和有限公司 ATKINSON & DALLAS LTD.（英）（工程师·建筑师·测量）
J. M. VENTERS F.R.I.B.A
R. D. K. SILBY B.A, P.A.S.I.
柏韵士工程师 HANS BERENTS?（工程师·建筑师）
H. BERENTS, B. Sc., C.E.
A. PULLEN, L.R.I.B.A.
泰利有限公司 BRANDT & ROGERS, LTD.（英）
WILLIAM BRANDT, M.A.A.（建筑及地产）
A. SYMONS, B. ARCH.
• 开宜公司 CALATRONI, HSIEH（建筑及地产）
E. S. HSIEH 薛次莘 土木博士工程
华中营业股份有限公司 CENTRAL CHINA REALTY Co. LTD.（建筑师·工程师）
建筑师：C. L. SHIH 施求麟 W. C. TONG 汤景贤
• 庄俊建筑师 T. CHUANG B.S (in Arch.) 伊利诺大学
T. CHUANG 庄俊建筑师，Y. W. WONG 黄耀伟建筑师
(1888-1990)

②

CREDIT FONCIER D'EXTREME-ORIENT（法）义品放款银行（建筑及地产）
建筑师：G. DEREVOGE
CUMMINE & Co. LTD.（英）锦名（建筑·测量·地产）
H. M. CUMMINE, A.R.I.B.A.
G. G. CUMMINE, A.R.I.B.A., A.S.A.A
DAVIS, BROOKE & GRAN（英）建兴（建筑·结构）
J. T. W. B. BROOKE, A.R.I.B.A
E. M. GRAN, ARCHITECT
N. N. EMANOFF.
• DAYU DOON 董大酉建筑师
DAYU DOON 董大酉 M.ARCH. 明尼苏达大学
HARRIS HA 哈雄文 B.ARCH. 宾夕法尼亚大学
HENRY POO 浦海 建筑师
• F. G. EDE 奚福泉 DR. ING. S.C.A. 建筑工程博士 1903-1983
• ROBERT FAN 范文照建筑师事务所
范文照 B.ARCH. 1893-1979（宾夕法尼亚大学）
伍子昂 ? B.ARCH 1908-1987
C. H. GONDA 冈达建筑工程师
C. H. GONDA, B.A.
F. G. MAJER
KIVILOFF
HAMMERSCHMIDT 汉墨德 汉墨德工程师
J. A. HAMMERSCHMIDT, B.A.
E. TESKE

③

ELLIOT HAZZARD & E. S. J. PHILLIPS（英）哈沙德打样间
L. E. HUDEC 赫克 邬达克
L. E. HUDEC, B.A.
W. S. NEYER, B. Sc.
• KUN LEE ENGINEERING Co. 公利营业公司（建筑·结构）
F. G. EDE 奚福泉 DR. ING. S.C.A 建筑工程博士 1903-1983
Q. L. YOUNG 杨宽麟 M.SC.（工硕士）密歇根大学
C. P. SHAN 山晴甫 ?
• KWAN - CHU - & YANG 基泰工程司
1892-1961 S. S. KWAN 关颂声 B.S (in Arch.) 麻省理工学院 哈佛大学
1896-1971 P. CHU 朱彬 M.ARCH.（宾夕法尼亚大学建筑硕士）
1891-1971 Q. L. YOUNG 杨宽麟 M. Sc.（密歇根大学）工硕士
1901-1982 T. P. YANG 杨廷宝 M.ARCH.（宾夕法尼亚大学）建筑硕士
~~S. K. KWAN~~
• KYETAY, ARCHITECTS & ENGINEERS 凯泰建筑事务所
Y. C. HUANG 黄元吉 1902-1985 建筑师
M. Y. CHUNG 钟铭玉
• POY G. LEE 李锦沛建筑师 普赖德工学院
P. G. LEE (R.A., M.S.C.A.) (PRATT INSTITUTE)
K. P. CHANG 张克斌
BINSHANG LEONG 梁炳常
Y. H. LEE, C.E. 李郁华
FRANCIS WOO

陈植补遗
• 華海建筑师事务所（系1922年）参看《建筑师》1991年第40期 70页"纪念柳士英"一文
柳士英·刘敦桢（1897-1968）
王克生·朱士圭
以上四位均留学日本，"華海"之"华"字，"柳"……设计有七项……

④

LEONARD, A. J. P. VEYSSEYRE, A. KRUZE（法）赉安工程师
A. LEONARD D.P.L.G（建筑·测量·地产）
P. VEYSSEYRE ?
A. KRUZE D.P.L.G
LESTER, JOHNSON & MORRIS（英）德和洋行（建筑·结构·地产）
G. MORRIS ?
J. R. MAUGHAN, A.R.I.B.A.
E. F. BOTHWELL, F.R.I.B.A.
• P. C. LOO 罗邦杰建筑师 学位不明 明尼苏达大学
• MIAO KAY-PAH 缪凯伯工程师（学位不明）
MINUTTI & CIE.（法）时营建筑公司（土木工程师·建筑师）
R. MINUTTI, E.P.Z
W. WALT, ARCHITECT
L. DAVID, D.P.L.G
F. E. MILNE（英）L.R.I.B.A.（建筑师）
S. OKANO（日）冈野工程师
S. OKANO ?
S. FUJITA ?
K. YAMASAKA ?
PALMER & TURNER（英）公和洋行
G. L. WILSON, F.R.I.B.A., F.S.I.
J. W. WILLIAMSON F.R.I.B.A., M.R.S.I.
W. A. DUNN, A.I.A.
G. D. SMART, A.R.I.B.A.
J. A. RICHIE, A.R.I.B.A.
P. O. G. WAKEHAM, A.R.I.B.A.

陈植补遗
• H. S. LUKE 陆谦受建筑师 A.A. Dip.（英国建筑协会文凭）1904-1991
• 彦记建筑事务所 吕彦直 建筑学士及硕士（美国康乃尔大学建筑系）1894-1929

陈植撰写解放前上海设计机构名录

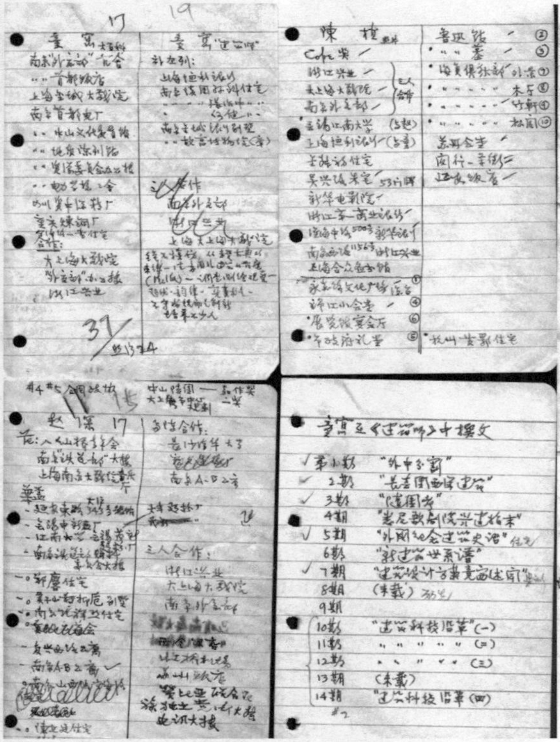

陈植回忆华盖设计项目

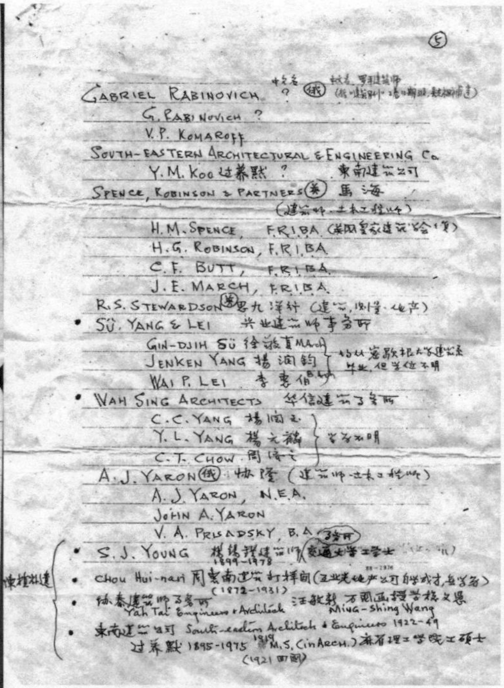

解放前上海设计机构名录

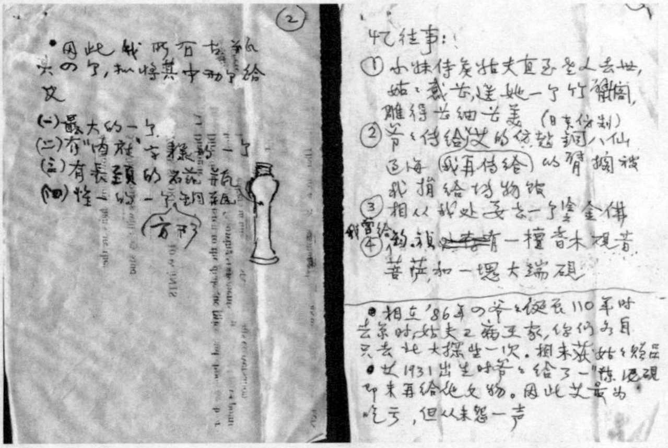

回忆往事

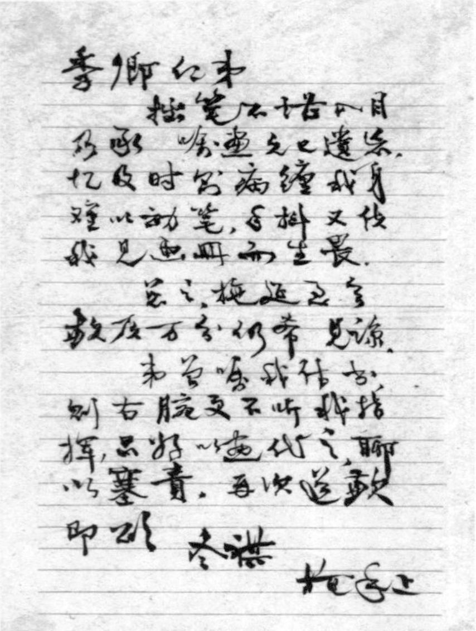

季卿仁弟
　　拙笔不堪入目
所以　嘱画之已遗忘。
忆及时因病缠我身
难以动笔，手抖又使
我见画册而生畏。
　　总之，拖延至今
歉疚万分，仍希见谅。
　　来函嘱我作书，
则右腕更不听我指
挥，只好以画代之，聊
以塞责。再次道歉
即颂　冬祺
　　　　　　[illegible]

陈老致王季卿信

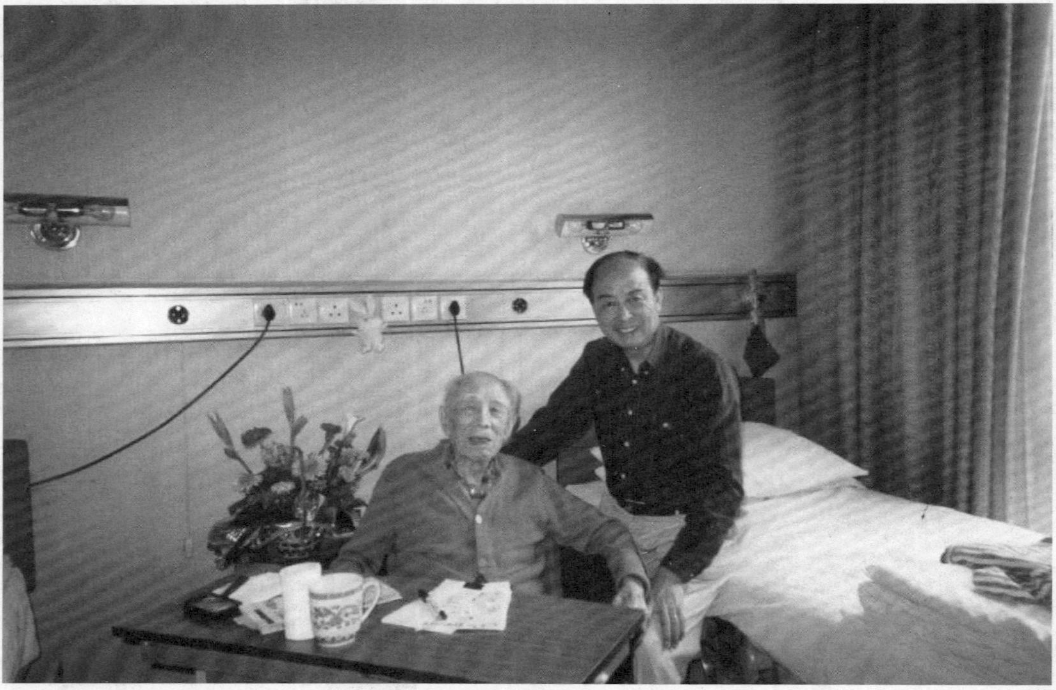

王季卿看望病房中陈植

陈植赠王季卿画

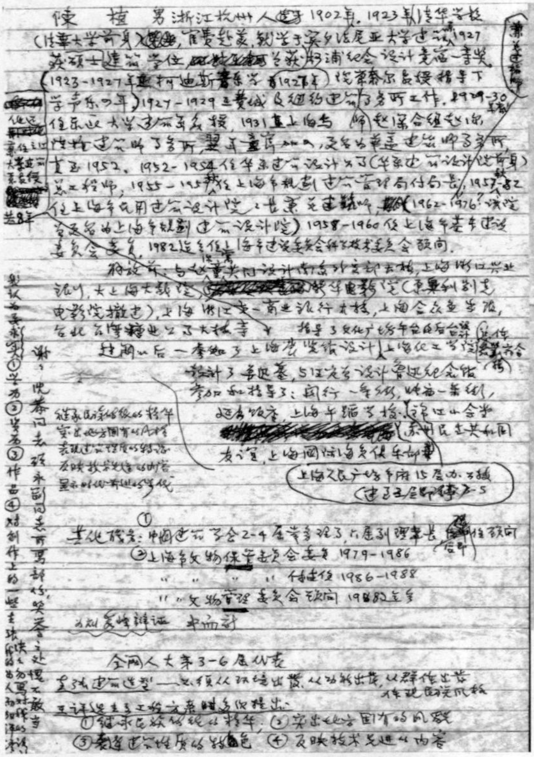

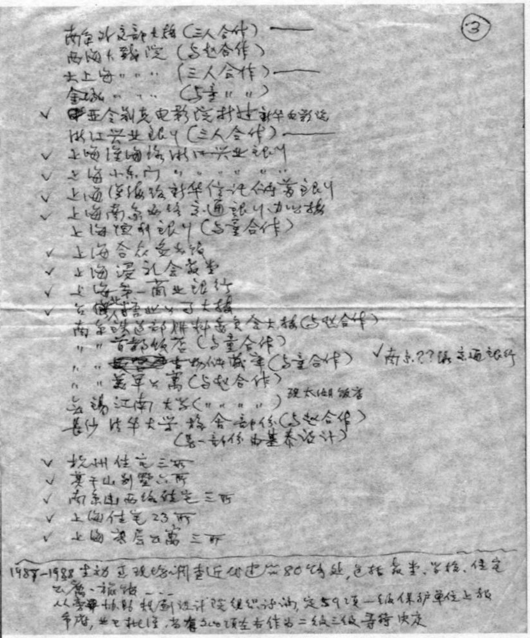

陈植自撰简历

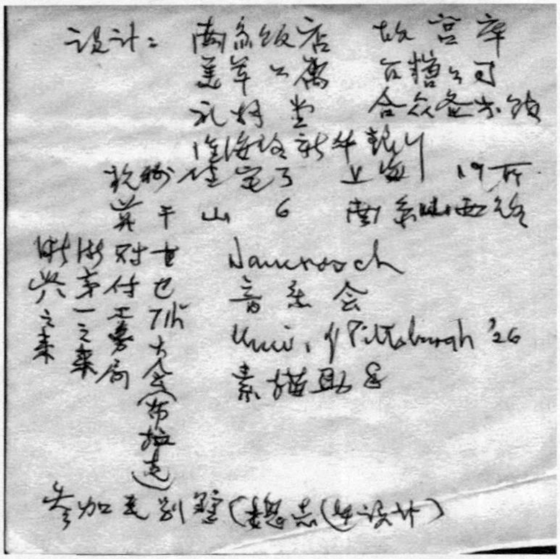

回忆工作

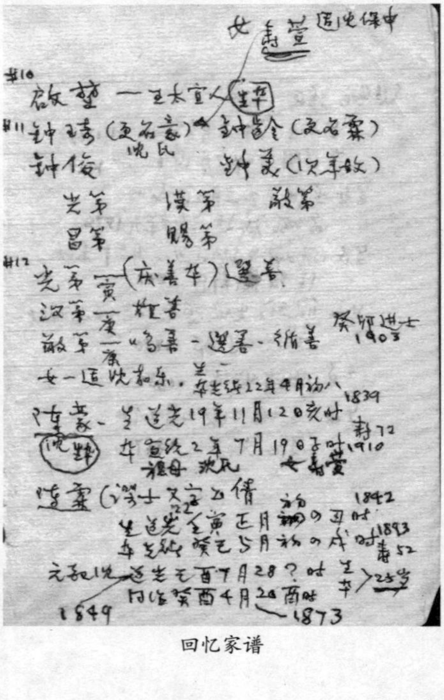

回忆家谱

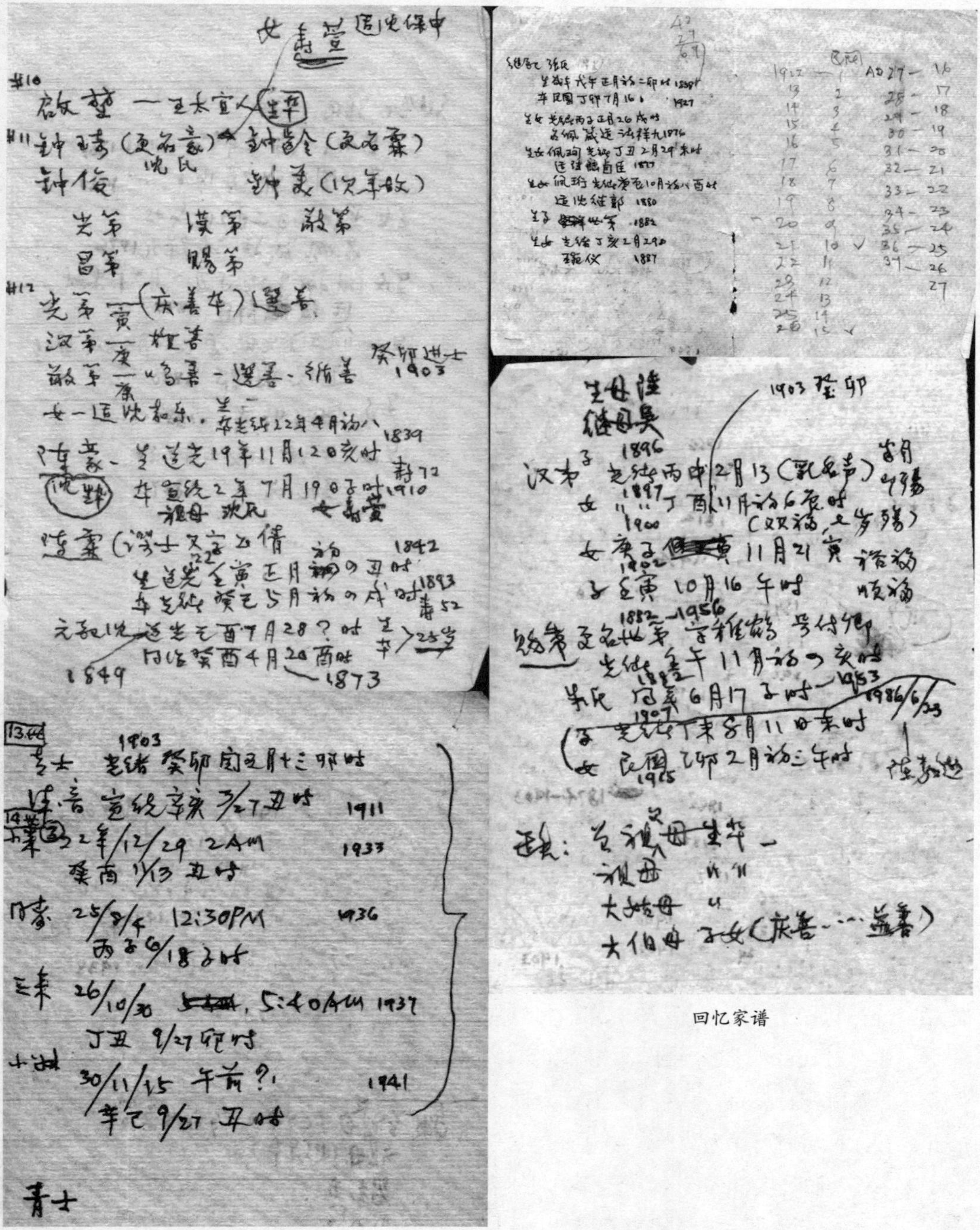

回忆家谱

老友相见，陈老总非常高兴，一同忆忆当年往事，叙叙旧情。一次，陈从周主持修复豫园内的东园工程，竣工时请陈老前去参观，巧遇著名画家唐云，两位老人谈谈画作，聊聊生活，格外欢洽。

有一位中国近代造园学的奠基人，也姓陈名植，与陈老同名同姓，两位在各自行业领域的成就也旗鼓相当，经常说到“陈植”时，大伙都会猜是建筑专家陈植，还是林业专家陈植。有趣的是，晚年他俩有幸在上海碰面，如见故人，两位还特地在上海展览馆（中苏友好大厦）前留影。

都说少年夫妻老来伴，年轻时，对音乐的共同爱好让陈植先生与著名报人董显光的长女董鹭汀擦出爱的火花，从此两人相知相爱，周遭的朋友、同学都祝福这对幸福的鸳鸯能够终成眷属、白头偕老。事实也如大家所愿，陈植先生的夫人非常支持他的事业，一生随他转战大江南北，1929年陪同陈先生赴东北大学教学，1931年又一同回到上海开创事业。解放前的特殊日子里，陈夫人毅然站在丈夫一边，尊重陈先生的选择，决定留在上海。陈植先生对爱妻的理解与支持心怀感激，曾绘制一幅金底牡丹花扇面赠予妻子，赞誉夫人雍容气质、善解人意。

在1973年，爱妻因患脑溢血而半身不遂，陈老不离不弃，陪伴左右，无微不至地照顾，体贴入微，病榻前相伴19载。1992年夫人离世，陈老悲痛万分，对夫人的爱无以复加，提笔写下：“忆鹭：六十二载瞬即逝，恩爱钟情永铭志，一旦永诀心睁裂，愿卿稍待我即来。”相濡以沫的六十二载夫妻情，怎叫这位老人能放得下，后来的那些年里，陈老对爱妻的怀念一刻也没有停止过。他生前遗嘱写道：“我去世后决不作任何报道，不设家奠，遗体直送往火葬，然后与鹭汀骨灰盒同放……”可见陈老爱妻情深，望与之生生世世永相伴。

陈老教子亦有方。他本性谦逊、低调，为官节俭、自律，虽然身居官职，却从不假官之特权为子女谋利，反而在这些方面更加严苛。长子陈艾先结婚时，陈老没有为儿子大摆筵席，他写信说：“小艾，艳玲：你们将要结婚，使我们全家无限地快慰欢庆！你俩共同的幸福生活，使我们全家无限地快慰欢庆！你俩共同的幸福生活即将开始，我们全家都祝你俩永远相敬相爱，相互支持，相互为规。关于结婚的准备已如你俩所顾，我们亦乐于如此。按以往习惯可算为简单，照现在的风气亦不是一般人所能赞许。”“你俩与我都是国家干部……人们对我们的要求更要高些。”“我希望你们结婚的当日、当日晚和次日、再次日，

生命不息的陈植

除两家聚餐外（各自分摊费用），其他一概越简越不突出越好。”大女儿结婚时，亦是如此，以画寄情，赠送一幅青松图，为女儿道喜，希望小辈们能如轻松之坚贞。

陈老仙逝后，长子陈艾先为缅怀父亲，作诗如下：

百年人生一瞬间
创业有人勇争先
热忱待人律己严
赤子之心留人间

再忆父亲

创业求实 艰辛开拓

育才求是 无私耕耘

朴实无华 坦诚磊落

敦原养举 平易近人

严谨律已 爱憎分明

相濡以沐 坚贞不移

无愧无悔 炎黄之子

百年淡漠 一生清白

在儿子眼里，他是可亲可敬的父亲；在我们眼中，他是我国建筑教育的先驱者，杰出的建筑专家。我们永远怀念您！2012年是陈老诞生110周年、逝世10周年，我们仅以此书敬献给您，愿您的光辉与世共存。

2012年3月30日完稿

陈植年谱

1902年　11月15日出生于浙江杭州。原名陈植善，字直生。

1915年　考入北京清华学校（清华大学前身）。

1923年　清华学校毕业，被录取为清华庚子赔款公派出国留学的学生，官费赴美宾夕法尼亚大学建筑系求学。

1926年　获得柯浦纪念设计竞赛(Walter Cope Memorial Prize Competition) 一等奖。

1927年　宾夕法尼亚大学建筑系毕业，取得“建筑学士”学位，后转入该校建筑研究院深造。

1928年　2月，获建筑硕士学位(M.ARCH)；同年夏，到纽约伊莱·康（Ely J·Kahn）事务所工作。

1929年　赴东北大学建筑系任教，讲授建筑设计课程。

1930年　与梁思成、童寯、蔡方荫成立“梁陈童蔡营造事务所”。

1931年　辞去东北大学教职，到上海与赵深合组赵深陈植建筑师事务所。

1932年　10月，与赵深、童寯设计大上海大戏院。

1933年　因童寯加入，“赵深陈植建筑师事务所”更名为华盖建筑师事务所。

1938年　8月，日军入侵上海，赵深、童寯分别往昆明、贵阳（兼管重庆）开设华盖分所，陈植一人留驻上海，负责上海的业务，设计大华大戏院、合众图书馆。

1938年　陈植兼任之江大学建筑系教授，至1945年。

1945年　8月，抗日战争结束，华盖事务所重新合一，在宁、沪两地恢复业务活动。

1947年　台湾光复后，来往沪台两地，负责设计台糖公司办公楼等工程。

1948年　12月，与赵深同往台北结束台湾糖业公司大楼的工程。

1949年　任之江大学建筑系主任，至1952年。

1950年　参加赵深发起的“联合顾问建筑师工程师事务所”。

1951年　12月，受金瓯卜之邀，准备加入华东建筑设计公司，与赵深、童寯结束华盖事务所业务。

1952年　任华东建筑设计公司总建筑师兼文教设计室主任。因之江大学建筑系归入同济大学建筑系，去同济大学兼课至1954年。

1954年　作为中方专家组组长参与上海中苏友好大厦（现上海展览中心）工程设计。

1955年　陈植就任上海市规划建筑管理局副局长兼总建筑师（1955～1957），参与领导上海的城市建设。

1956年　7月，主持、领导了鲁迅墓与鲁迅纪念馆的设计工作。

1957年　任上海市民用建筑设计院院长兼总建筑师（1957～1982）。

1958年　兼任上海市基本建设委员会委员。

1959年　与汪定曾共同指导闵行一条街、张庙一条街的规划设计。

1979年　兼任上海市文物保管委员会委员

1982年　担任上海市建设委员会顾问（1982～1984），继又改任建委科学技术委员会技术顾问，及文物管理委员会顾问。

1984年　任上海市城乡建设规划委员会顾问。

1986年　担任上海市文物保管委员副主任（1986～1988）。

1988年　任文物管理委员会顾问及上海市地方志编纂委员会顾问，参加上海建设修志工作。

1989年　被建设部授予中国工程设计大师称号。

2002年　3月20日凌晨，建筑大师陈植乘鹤西去。后与夫人合葬上海青浦福寿园。

后　记

陈植是我们的老院长，出于对这位建筑界前辈的敬佩之情，我于上世纪80年代便开始有心地关注一些关于陈老生平史料等等，在2008年，档案室里来了位上海大学档案系的研究生 —— 陶祎珺，领导上叫我带教。我见她对历史名人建档一事也颇有兴致，便与之商量结合本院情况为陈植院长建立系统的名人档案，并申请科研课题“陈植大师影踪”。虽说我早期就开始关注陈老的一些事，但尚未成体系，故而想通过申请科研课题，能通过研究的方式对陈老一生展开全面地调查，然后梳理材料，再经分析研究、考证后编纂出版图文并茂的传记来。我们的出发点一是为缅怀建筑界前辈，二是能够传承历史，可课题申报书提交后迟迟没有获得批准。但我们研究的脚步并未就此停歇，深感作为一个档案人，在抢救历史、还原真相的面前是多么的责无旁贷，而这项研究对我们单位，乃至对整个建筑界和社会都具有重大意义，于是我们坚持着我们的工作，没有经费也要自掏腰包，决不放弃。

2008年以来我们对陈老之子陈艾先、陈老多年同事汪定曾等进行了多次家访，让我们备感欣慰的是两位老同志对我们的工作给予了极大地支持和鼓励，为我们提供了大量的原始资料，尤其是陈艾先老师被我们的诚意所动，提供了大量的珍藏材料，使我们对陈老的一生了解更全面、深刻，其中包括照片、文字材料和口述信息等等，并协助我们考证相关史实。此外，我们深入挖掘本部门所藏关于陈植大师的相关材料，先后还去了上海市图书馆、同济大学校史馆、同济大学城规学院院史馆查阅资料；翻看了《建筑月刊》（1932.11~1937.1，共计6卷44期）、《中国建筑》（1933.7~1937.4）、《建筑师》、《建筑学报》等旧期刊；查阅了《梁思成文集》、《童寯文集》、《中国哲匠录》等等十几部相关著作；多方面收集到陈老生前的书信、发表的文章以及后人评述文章和珍贵的历史照片。

现而今苦尽甘来，我们基本掌握了一套成书资料。因记述陈老的文献，除了零星文章外，尚未有任何专著。中国建筑工业出版社2011年邀约我们为中国建筑名师丛书编写《陈植》分册，由于丛书是由一个个大师的小册子汇集，体例原因不能将陈老更多的故事告诉广大读者。同济大学出版社支持了我们另外编写一本《陈植》的设想，现在《陈植——世纪人生》在老院长110周年诞辰前夕得以出版，使我们能将陈老积淀于历史长河中的点点星光拾萃，供后世敬仰，让他那深邃厚重的建筑思想、高山仰止的崇高人格继续影响一代又一代建筑师们，我们就心满意足了。陈老不只是我们敬仰的老前辈，他是中国建筑界重要人物，在中国建筑史册上不能没有他。

娄承浩

2012年3月30日

以下图书已经出版，敬请关注

《民间影像》（第一辑）

ISBN 978-7-5608-4832-7

成品尺寸：170×213，256P

定价：58.00元

以第一手的历史影像为线索，来呈现一个个历史片段，强调细节、强调过程，关注日常生活。建筑、人物、事件，工作、学习、生活、家庭、师友，点点滴滴，呈现鲜活的民间生活场景。既有大历史的瞬间，又有普通人的日常记忆，提供过往宏大叙事传统里难得一见的历史细节。

首度公开部分珍稀史料。39篇文章，290幅珍贵照片，涉及20个省市，时间跨度从1860~2011。

新疆建筑印象

陈震东 著

ISBN 978-7-5608-4517-3

成品尺寸：215×280，240P

定价：98.00元

他本是上海五原路上的小开，却莫名半生，尝尽了人世间的甜酸苦辣。几十年来，他走遍了天山南北，记录下新疆大地壮美的空间遗产。

遥望土山湾——追寻消逝的城市文脉

张伟、张晓依 著

ISBN 978-7-5608-4758-0
成品尺寸：170×213，256P
定价：68.00元

以大量珍贵文献和历史影像，系统勾划了土山湾的历史发展进程，对于完整描绘上海的文化图景和近代美术史的研究具有填补空白的意义。书后的附录则集中了近年来对最后存世的“土山湾人”的访谈，具有重要的历史价值。

以下图书即将出版，敬请期待

《中国近代大学校园：一种新型文化空间的兴起》

从绵延千年的私塾蒙学、书院及以各地学宫和各类官学为代表的古代文化教育机构到近代以来各类新式学堂的纷纷兴起，各类教会大学、私立大学及国立大学的兴起，标志着现代文化教育制度的建立，反映了知识传播和生产的系统发生了根本性的变化，是中国社会现代化转型进程的重要标志，由此带来相应文教空间的变化。作为新的知识生产共同体，近代大学校园空间的生产过程，无疑是各种文化观念、历史事件、潮流及社会经济因素共同作用的结果。反映了时代变迁过程中的空间演变以及空间与社会的关系。

这是第一部系统研究中国近代大学校园空间生产的学术专著，通过大量翔实史料和文献，对中国近代大学校园的产生作了深入细致的考察，全面回顾了中国近代大学发展的历史背景，探讨了高等教育制度演变与大学校园近代化、近代大学的校园规划与建设、近代校园规划的理念发展及若干特点、近代大学建筑形式与风格的演进、中国近代大学的殖民地式与西方复古主义建筑、教会大学的本土化建筑努力、民族意识影响下的近代大学校园与民族建筑形式、“装饰艺术运动”与现代建筑运动对近代大学校园的影响等重要问题，并通过这些问题的回顾和讨论，探讨影响大学校园空间生产背后的各种力量及其影响路径。

《民间影像(第二辑)》

温情和敬意，记录和见证，以第一手的历史影像为线索，既有大历史的瞬间，也有普通人的日常记忆，呈现过往岁月的一幕幕场景……

《从“文人主义”到“人文主义”—上海传统园林的勃兴、衰变与近现代转型》

第一部系统研究上海传统园林的学术专著。在上海这个近代中国最“西化”的城市，选择园林这样一个最“中国”的空间对象，全面梳理上海地区传统园林从两晋、南北朝的兴起，到宋元时期的发展以及明清时期的鼎盛，及至近代的衰变与转型的历史脉络，回顾和总结上海传统园林的艺术成就，尤其是对开埠以后在由传统文人园向近代市民社会公共空间演变过程中的努力予以高度评价，内容涉及早期上海园林的文化艺术生态、历代园林综述、文献分析、造园思想、园林布局、掇山理水、建筑、植物、现存实例分析等。

近代以来，以文人园为代表的传统园林遭遇了极大的危机和挑战，出现了停滞不前的局面。只有在上海，经由“海派园林”，才艰难地迈出了向近代社会公共空间转型的步伐，实现了对江南古典园林传统的批判性转换，也由此实现了文化版图和文化秩序的重新建构。上海传统园林恰恰是在文人园向城市公共空间的转换过程中做出了有益的探索，成为古老文明迈向现代生活的实验样本。这样一种充满开放性和包容性与大众性的“海派园林”，较之传统的古典园林，充满了异质性，也只有在上海这样一座充满开放、进取精神的城市，才会成长起来。反过来，这样一种全新的园林系统也极大影响了上海的城市发展以及城市文化生活。

《西风落叶——海上教会机构寻踪》

在近代上海的急速转型过程中，以教堂、教会学校、教会医院为主要代表的教会机构曾经产生过重要的影响，深刻地影响了这座城市的政治、经济和文化进程。天翻地覆几十年，其中的一部分早已踪迹全无，也有一部分还在城市的各个角落继续着发挥作用，它们已经成为上海这座城市历史的一部分……

《近代条约与上海城市化进程》

上海的城市化进程直接得益于开埠条约。同时，近代历史上的每一个重要条约，都极大推动了上海的城市化进程，对上海的城市发展产生了深刻影响。

《向邬达克致敬》

他的身影已离我们远去，但他的作品却依旧散布在我们这座城市的四面八方，成为这座城市日常生活的一部分。如果说在相当长的时间里，外滩代表了上海的半张脸庞，那么她的另一半——国际饭店就出自其设计。正如今天“刘翔代表了上海的速度，姚明代表了上海的高度”那样，作为“远东第一高楼”的国际饭店也在相当长的时间内代表了上海这座城市的高度。他大概是近代上海设计作品最丰富、风格最多元的建筑师，从“古典”的慕尔堂到摩登的绿房子，从大光明到“远东第一”的摩天楼，从宏恩医院到苏州河畔的现代工厂，从小住宅、公寓、学校、教堂、影剧院、医院到工厂，几乎涵盖了所有的类型。他的作品已经融入了上海这座城市的文化基因，成为人们日常记忆和想象的一部分，构成了蓝天下这座城市美丽天际线的一部分。他，就是Ladislaus Edward Hudec.

《青浦往事,一个民间观察者的影像记录》

一个老人，用自己的镜头默默记录下这片土地上所发生的一切，风土人情、城乡面貌、社会变迁、日常生活，虽然只是一个个片段，却足以印证时代的巨变……

《江南园踪》（暂名）

在这个文人趣味、山水精神日渐远去的时代，失去内核寄托的文人园林正日渐成为商彝周鼎般的尊贵古董或金丝鸟般的赏玩对象。全书首度推出江南园林排行榜，纵论存世江南园林之手法优劣、旨趣得失，以温润的笔调，淡淡的乡愁，记录对江南园林的空间感受和文化体验，向最中国的文化空间致敬。

《日据时期中国城池图录》（暂名）

以当年侵华日军对中国城市的调查、测绘为基础，编纂的研究专著，收集了140座城市的总图及相关调查报告，包括了华北、华东、华中三地，全面反映了当时日本对中国情报搜集的细致程度。其中的绝大部分城市缺乏这些早期史料。对于研究中国城市史、中日关系史及当地的地方历史，具有重要价值。

《隐者童寯》

以历史影像、草图、信函、读书笔记等第一手史料，呈现中国早期著名建筑师童寯的学术生涯。

《从“古风”到“古典”—— 中国传统家具形制的发展流变》

全面系统探讨了明以前中国古代家具的发展变迁，初步梳理了家具形制发展的变化脉络。对于研究早期社会生活史、造型艺术史等，具有很高的学术价值。

《1952，离别的季节》

1952年的暑假，对于中国的大学校园而言，是不平静的一个暑假。有的人走了，有的人来了；有的学校结束了，有的学校开始了。这一刻，深刻改变了很多人的命运，也改变了很多学校的命运……

今天，当年的亲历者多已是耄耋老人，他们中的一些人，把珍藏心底60年的记忆记录下来，六十年前校园中的一幕幕场景，重有浮现在我们面前，那个不平静的暑假，那个不一般的院系调整……

《金陵绝唱：一个文化机构的最后时光》

一个当年12岁小孩的回忆，记录一个文化机构的最后岁月，以及如何一步步走向生命终点的过程……